航天项目评价

符志民　著

中国宇航出版社
·北京·

图书在版编目（CIP）数据

航天项目评价 / 符志民著 . -- 北京: 中国宇航出版社, 2020.12

ISBN 978-7-5159-1879-2

Ⅰ. ①航…　Ⅱ. ①符…　Ⅲ. ①航天工程—项目评价　Ⅳ. ①F407.5

中国版本图书馆CIP数据核字(2020)第248138号

责任编辑　张丹丹　　　**封面设计**　宇星文化

出版发行　中国宇航出版社

社　址　北京市阜成路8号　　**邮　编**　100830

(010)60286808　　(010)68768548

网　址　www.caphbook.com

经　销　新华书店

发行部　(010)60286888　　(010)68371900

(010)60286887　　(010)60286804(传真)

零售店　读者服务部

(010)68371105

承　印　天津画中画印刷有限公司

版　次　2020年12月第1版　　2020年12月第1次印刷

规　格　880×1230　　**开　本**　1/32

印　张　5.375　**彩　插**　1面　　**字　数**　155千字

书　号　ISBN 978-7-5159-1879-2

定　价　57.00元

作者简介

符志民，哈尔滨工业大学博士，北京大学博士后，研究员，教授，博士生导师。**国际宇航科学院院士，世界生产力科学院院士**。系统工程、系统总体设计、项目管理、风险评价与管理、质量保证和管理科学与工程专家。

符志民现任中国航天科工集团有限公司总工艺师。历任**中国航天二院系统总体设计师、国家高技术研究发展计划（863 计划）先进防御技术领域专家委员会副主任委员（首席专家）**、**国家某重大任务副总设计师，中国航天二院总体设计部主任**、研发部主任、**北京仿真中心主任**、系统试验部主任、科研生产部部长、发展计划部部长，**中国航天二院副院长，航天科工集团科技与质量部部长，中国航天二院院长**、中国航天二院研究生院院长。兼任**中国项目管理研究委员会副主任委员；中国首批国际项目管理专业资质（IPMP）认证评估师，中国首批国际项目管理专业资质（IPMP）认证高级项目经理**；国际注册首席创新官（CCIO）；注册高级企业风险管理师（CSERM），亚洲风险与危机管理协会专业顾问；中国管理科学学会常务理事；中国优选法统筹法与经济数学研究会常务理事；中国宇航学会常务理事；**国家注册质量工程师**，中国质量协会学术委员会委员；北京大学研究员，哈尔滨工业大学兼职教授，中国科学院客座教授，大连理工大学兼职教授，南京理工大学兼职教授，桂林电子科技大学特聘教授。

符志民在**中国航天**多个领域、多个重要岗位工作并担任重要职务，在**系统工程，系统总体设计，大型复杂项目系统工程总体设计**、

技术规划和控制、工程专业综合，项目组合管理和项目群管理，管理科学与工程，风险规划、识别、分析、评价、应对和监控，科技创新，质量保证，技术基础，文化建设等领域具有较深的造诣。负责、参与、组织实施了**多个国家级重大项目的系统工程总体设计、技术规划和控制、工程专业综合**等系统工程工作，完成了**多类国家级大型复杂系统工程项目开发**和**多个系统级、综合类重大项目研究，为中国航天事业发展做出了贡献**。

符志民享受**国务院政府特殊津贴**。荣获**全国五一劳动奖章**、中国首届十佳杰出国际项目经理、科学中国人年度人物、全国先进生产力杰出人物、国家高技术特殊重大贡献先进个人、质量技术突出贡献奖、国家创新能力建设先进工作者、管理创新突出贡献者、优秀经营管理者、知识产权推进工程先进个人等荣誉。获**国家科学技术进步特等奖2项，国家科学技术进步二等奖1项，部级科学技术进步特等奖1项、一等奖1项**、二等奖4项、三等奖2项，中国航天基金奖、**国防科技重大突破专项奖特等奖1项、一等奖1项，管理科学奖2项**，拉姆·查兰管理实践奖1项，**国家级企业管理现代化创新成果一等奖3项**、二等奖2项，国防科技工业企业管理创新成果一等奖5项、二等奖1项，航天企业管理创新成果一等奖5项、二等奖1项。专著6部。在各类学术刊物和学术会议上发表近70篇学术论文。

前 言

航天项目是在一定的约束条件下满足航天特定目标的一次性任务，航天项目除具有一般项目的一次性、生命周期性、目的性、独创性、约束性、系统性、风险性、冲突性、不确定性等特征以外，还具有科技含量高、独创性强、系统巨复杂、投资规模大、研发周期长、不确定性大、研制失利的损失大、政治性影响大等特征。

中国航天与中国发展同脉，与祖国强大同步，与国家昌盛同行。中国航天自主创新，举世瞩目，成为中华民族的骄傲和自豪。中国航天人自力更生、艰苦奋斗，完成了众多重大航天大型复杂系统工程项目的研发，创造了中国乃至世界航天史上、工程项目史上一个又一个奇迹，其中很重要的启示是**中国航天系统地、成功地运用系统工程思想、理念、理论、技术、方法和工具，全面实施大型复杂系统工程项目科学管理**。

中国特色社会主义进入了新时代，中国经济已由高速增长阶段转向高质量发展阶段，端正发展观念、转变发展方式、优化经济结构、转换增长动力成为发展的必由之路。2016年，习近平总书记做出“**探索浩瀚宇宙，发展航天事业，建设航天强国，是我们不懈追求的航天梦**”的指示。实现航天强国目标，用航天梦助力强国梦，需要持续大力提升航天型号项目发展的质量和效益，推进航天发展质量变革，实现更高质量、更有效率、更可持续、更为成功的航天大发展。

当前，许多航天型号项目相继完成研发、研制，但是，由于认知、条件、需求、动力、绩效观等所限，航天型号项目评价尚处于探索阶段，型号项目评价“不够系统、不够充分、不够科学、不够量化”，航天项目评价理论、技术、方法的应用与实践也在逐步摸索、建立、完善过程中。航天项目评价理论、体系、模型和方法的提出，不仅可以弥补航天项目评价的空白，也会丰富项目评价领域的范围和内涵，还会为其他行业项目评价体系构建提供支撑和借鉴。

撰著本书宗旨，一是构建系统、正确、有效的航天项目评价体系、评价模型和评价方法；二是评价航天型号项目状况，给出项目实施绩效；三是识别航天项目实施存在的问题、不足、差距和缺陷；四是提出航天项目成功标准，助力提升航天项目管理能力和治理水平，助推航天项目成功。

在 VUCA（乌卡）（Volatility——易变性、Uncertainty——不确定性、Complexity——复杂性、Ambiguity——模糊性）时代，**发现正确的项目、提高项目管理能力、提升项目治理能力是时代的必然要求**。伴随着对个性化、独特（创）性、多样化、价值化、即时性等产品、服务需求的增加，“在当今社会中，一切都是项目，一切也将成为项目”已成现实。“商界教皇”汤姆·彼得斯强调“现代管理，项目就是一切，每一个人都是项目管理者”。《财富》预测：21 世纪是项目管理的世纪，21 世纪创新时代的关键是项目管理。数学家华罗庚说：“我们的企业要两条腿走路，一个是科学技术，一个是项目管理。”项目管理将成为一个富于挑战和生机的新兴专业和行业。项目管理是后工业时代——知识经济时代的首选职业。把一生当作项目来管理，项目管理将使人们终身受益！在当今充满变革、竞争、创新、合作的时代，项目管理业已成为组织发展、项目成功、个人成长不可或缺的素养、知识、履历和能力，项目管理是成功的关键。**与发展同步，与项目同行**。当今时代，**所有人需要学会运用项目思维方式，以在充满不确定性的世界中发现正确的项目；所有管理者需要提高项目管理能力，以迅速整合动态资源去实现项目目标；所有组织需要提升项目治理能力，以提供可信赖的项目管理生态（文化、制度、机制、环境、平台）**。随着时代的发展和进步，科学、智慧决策管理的最高境界，就是要“做正确的事、正确地做事、把正确的事做正确”。航天梦、中国梦实现的伟大召唤需要中国航天型号项目成功，在航天项目实施和航天产品实现过程中，**第一次、次次都能做到“做正确的事、正确地做事、把正确的事做正确”**，这是使命所在、职责所在，这需要航天型号战略决策、战略管理、战略评价的有效闭合。战略评价是对战略决策、战略管理的验证与评价。航天项目组织、团队、成员都要努力地把航天项目做好，切忌努力地、重复地把错误的事情做正确。

项目成功是项目利益相关方对于项目管理成果的认可和欣赏，比“在规定的时间、预算内完成项目可交付物”更具挑战性。项目成功包括项目管理成功和项目结果/项目产品成功。项目成功关注项目硬指标（项目范围、时间、成本、质量等）和项目软指标（项目利益相关方满意度、顾客需求满足度、健康与安全、环境影响及商业价值、可用性与可靠性、文化协同度等）。绝对的项目成功难以实现，感觉到（被感知）的项目成功居多。项目成功主要评价范畴包括：1）**项目管理成功**；2）**项目结果符合要求**；3）**项目相关方满意**；4）**项目软实力提升**。项目成功标准的定义要体现战略性（关注项目效益与组织战略一致度、关注组织长远的发展）、风险性（关注项目不确定性水平、项目技术风险）、利益性（关注项目相关方的评价、项目不同群体的利益）。

成功的项目是在规定的范围、时间、预算、性能、质量等条件下完成项目预定目标。项目成功的标准已从古代（经验式）项目管理的“**获得预期的项目成果**”到近代（传统）项目管理的“**实现预期的项目目标**”发展到现代（新）项目管理的“**让项目利益相关方满意**”。项目管理成功能够助推、支撑项目成功。项目管理成功不一定完全导致项目成功，项目成功时项目管理也不一定完全成功。项目管理成功不是项目成功的充要条件。良好的项目管理可以促进项目成功，不可能完全阻止项目失败。

组织出色的项目管理应该是确保组织所有项目都成功，并且能够

保持项目在组织存续期内、项目交付运营期内持续成功，让项目利益相关方都满意。对于一个管理者而言，仅仅一个项目的成功并不能代表其项目管理能力、水平的高低；对于一个组织而言，仅仅一个项目的成功也并不意味着整个组织项目管理模式、项目管理方法的成功，因为任何项目都有可能于一段（特定）时间内，借于组织正式的权威，在有力强力控制、特别机制、特殊的条件保障、强大的行政干预等驱使下获得成功。

《航天项目评价》系统、完整地创建了由基于**项目评价主体、评价客体、评价时间、评价内容构建的评价架构**和基于**项目评价总体思想、评价原则、评价指标、评价方法构建的评价指标体系**组成的航天项目评价模型。《航天项目评价》以系统、科学、全面地评价航天型号项目为目标，以适宜、充分、有效地构建航天型号项目评价指标为宗旨，基于项目管理、评价等理论、原理和方法，循证、借鉴国内外项目评价模型及相关评价模型，充分考虑中国航天项目特点、特色和需求，构建航天型号项目评价指标体系。《航天项目评价》以航天型号项目评价为总目标，把实现项目目标的项目过程管理、表征项目管理绩效的项目结果作为主要支撑，递阶分解项目管理过程范围、管理结果。《航天项目评价》在考虑规范的项目管理十大领域的基础上，增加了航天项目技术管理、航天项目文化管理；项目评价结果表征除了项目范围、技术、质量、进度、费用等重要结果特征外，还增加了航天人才成长、项目相关方满意度、价值创造、文化表征等要素。过程管理分解到四级，结果表征分解到三级，把项目管理范围和项目结果范围分解到了较低、好管控的可阐释单元。

《航天项目评价》设置了**1个项目评价总目标，2个一级评价指标，12个二级项目管理过程指标，9个二级项目管理结果指标，56个三级项目管理过程指标，27个三级项目管理结果指标，160个四级项目管理过程指标**。航天项目评价指标体系构建及其指标的选择，采取文献研究、专家调研、问卷调查、实践追溯、逻辑演绎等实证研究、规范研究的方法。《航天项目评价》所阐述的航天项目评价理念、理论、方法，汲取了国内外先进项目管理、评价的理论和实践成果，继承了航天型号项目管理实践和航天系统工程实践的成果与经验，但不是现有航天型号项目实践的简单总结、方法应用和经验归集。它扬弃了航天项目管理、航天项目评价在充分性、适宜性、时效性等方面的问题，弥补了航天项目管理、航天项目评价与先进的项目管理、项目评价在理论、方法上的不足和差距，是在国内外项目管理、项目评价和航天项目管理、航天项目评价基础上的提升和创新。

《航天项目评价》为进一步阐明项目管理实施的可靠性和可信性，**第一次在项目管理界提出了项目管理可靠性的概念**，主要是从项目管理工作事项完成的**数量标准、质量标准、时效性标准**等方面衡量项目管理的能力和水平，体现了**项目管理思想创新、项目管理理念创新**。

建设具有全球竞争力的世界一流企业对中国航天提出了更高标准。追求卓越，实现航天事业高质量发展，为中国梦的实现贡献航天人的智慧和力量，是航天人的使命、责任、骄傲和自豪。项目是组织变革迎接变化的载体，航天项目是航天事业发展的载体，航天项目水平体现航天实力和核心竞争力。构建系统、完整、规范、科学、正确、先进、引领、前瞻、有效的航天项目评价体系和评价方法，建立航天项目评价模型，提升航天项目管理能力和项目管理成熟度，提升航天项目绩效，帮助并促进航天项目成功，是本书使命所在。

符志民是全书总设计，负责全书总体策划、系统构思、架构设计，对本书全部内容实施详细设计、撰著、修改和审定。本书共 5 章，第 1 章，陈述本书撰著背景，目的、意义，范围、适用性，架构、内容，研究方法、写作方法；第 2 章，概述国内外项目评价现状、问题和发展趋势；第 3 章，阐述航天项目评价体系；第 4 章，论述航天项目管理；第 5 章，阐明航天项目评价。

感谢张雪、东玲、谭立忠、董斌、张哲、吴志浩、马双庆、杨殿微、侯瑞、张登雨、孙自考、王瑛琦、陈聪、陈晓北、彭海民、张淑琴、刘鹤、高翔等为项目评价研究、本书写作做出的贡献。航天项目评价研究集聚了众多相关方的支持和项目管理热爱者、关注者的帮助，在项目评价实证研究和规范研究过程中，得到了来自中央军事委员会装备发展部、陆军、海军、空军、火箭军、战略支援部队、中国科学院、军事科学院、中国航天科工集团有限公司（简称“中国航天科工集团”）、中国兵器工业集团有限公司等多个单位专家的大力支持和建设性意见；中国航天科工集团科研生产部及其他相关部门、中国航天科工集团第二研究院、中国航天科工集团第三研究院、中国三江航天集团公司、中国江南航天工业集团公司、中国航天科工集团第二研究院 208 所等单位积极参与项目评价研究。杜江红、魏华、闻学、李雪、陈威、王庆国、张海峰、高宁、周伟、曹梦楠、黄莉茹、李江、邱晓飞、王珍、韩彬、马春亮、蒲奇、倪阳咏、施国强、曹志远、李建长、刘纪斌、赵春利、刘硕、富晓霞、刘阔、韩培培、吴向荣、王洪祥、张俊伟、徐应龙、禹磊、魏炜、王秋阳、王瑞、吕永青、季家兴、刘铁、周媛楠等参与了航天项目评价研究，在此一并表示感谢。感谢中国航天科工集团第二研究院 208 所张雪为本书成稿付出的努力，感谢沈建明、马旭晨等项目管理专家在项目评价研究中给予的指导。

由于作者水平所限，本书不当之处在所难免，敬请广大读者批评指正。

2020 年 7 月 5 日

目　录

第1章 导 论

1.1 背景

在VUCA（乌卡）（Volatility——易变性、Uncertainty——不确定性、Complexity——复杂性、Ambiguity——模糊性）时代，发现正确的项目、提高项目管理能力、提升项目治理能力是时代的必然要求。伴随着对个性化、独特（创）性、多样化、价值化、即时性等产品、服务需求的增加，“在当今社会中，一切都是项目，一切也将成为项目”已成现实。“商界教皇”汤姆·彼得斯强调“现代管理，项目就是一切，每一个人都是项目管理者”。《财富》预测：21世纪是项目管理的世纪，21世纪创新时代的关键是项目管理。数学家华罗庚说：“我们的企业要两条腿走路，一个是科学技术，一个是项目管理。”项目管理将成为一个富于挑战和生机的新兴专业。项目管理是后工业时代——知识经济时代的首选职业。项目管理是成功的关键。把一生当作项目来管理，项目管理将使你终身受益！在当今充满变革、竞争、创新、合作的时代，项目管理业已成为组织发展、项目成功、个人成长不可或缺的素养、知识、履历和能力。与发展同步，与项目同行。这样的时代，所有人需要学会运用项目思维方式，以在充满不确定性的世界中发现正确的项目；所有管理者需要提高项目管理能力，以迅速整合动态资源去实现项目目标；所有组织需要提升项目治理能力，以提供可信赖的项目管理生态（文化、制度、机制、环境、平台）。随着时代的发展和进步，科学、智慧决策管理的最高境界，就是要“做正确的事、正确地做事、把正确的事做正确”。航天梦、中国梦实现的伟大召唤需要中国航天型号项目成功，在航天项目实施和航天产品实现过程中，第一次、次次都能做到“做正确的事、正确地做事、把正确的事做正确”，这是使命所在、职责所在，这需要航天型号战略决策、战略管理、战略评价的有效闭合。战略评价是对战略决策、战略管理的验证与评价。航天项目组织、团队、成员都要努力地把航天项目做好，切忌努力地、重复地把错误的事情做正确。

中国经济已由高速增长阶段转向高质量发展阶段，端正发展观念、转变发展方式、优化经济结构、转换增长动力成为发展的必由之路。习近平总书记指出："探索浩瀚宇宙，发展航天事业，建设航天强国，是我们不懈追求的航天梦。"实现航天强国目标，用航天梦助力强国梦，需要持续大力提升航天型号项目发展的质量和效益，推进航天发展质量变革，实现更高质量、更有效率、更可持续、更为成功的航天大发展。

与国家发展同脉，与中国强大同步，建设具有全球竞争力的世界一流企业对中国航天提出了更高标准。追求卓越，实现航天事业高质量发展，为中国梦的实现贡献航天人的智慧和力量，是航天人的使命、骄傲和自豪。项目是航天发展的载体，项目是组织实现变化的载体，项目水平体现航天实力和核心竞争力。构建系统、完整、规范、科学、正确、先进、有用的航天项目评价体系和评价方法，建立航天项目评价模型，提升航天项目管理能力和项目管理成熟度，提升航天项目绩效，帮助并促进航天项目成功，是本书使命所在。

1.2 目的和意义

通过本书研究、阐述得出的结论、方法，一是构建系统、正确、有效的航天项目评价体系、评价方法和评价模型；二是评价航天型号项目状况，给出项目绩效；三是识别航天项目实施存在的问题、不足和差距；四是给出航天项目成功标准，助力提升航天项目管理能力和治理水平，助推航天项目成功。

在理论上，我国的项目评价理论尚处于探索阶段，项目评价"不够系统、不够充分、不够科学、不够量化"的问题依然存在，各行业的项目评价理论也在逐步探索、建立、完善过程中。航天项目评价理论和方法的提出不仅能弥补航天项目评价的空白，也能丰富项目评价领域的范围和内涵，还会为其他行业项目评价理论提供支撑和借鉴。

在实践上，航天项目评价理论和方法帮助航天项目所在组织和项目主体洞悉项目存在的问题、不足和差距，指导、帮助提升航天型号项目管理能力，促进项目成功。同时，航天型号项目评价做法为航天行业其他项目评价及其他行业项目评价提供借鉴。

1.3　范围和适用性

本书评价主体主要为航天型号承研、承制单位及其承担的项目，同时也为航天型号项目的用户 / 顾客及其主管部门、国家行业主管部门、项目任务承担单位对项目的评价提供参考。内容方面，本书主要针对单一项目，从项目管理过程和项目管理结果两个维度建立项目评价指标体系，构建项目评价模型，设计评价标准、评价要素表征，给出综合评价方法和要素权重计算方法。本书适用于单一项目研制全生命周期、各研制阶段（论证阶段、方案阶段、工程研制阶段和定型阶段）、各年度、各关键点的评价。

1.4　研究方法与写作方法

本书应用项目管理、项目评价等的理论、技术、方法、工具，采用实证研究、规范研究、文献分析、逻辑推理、专家调研、专家判断等方法构建项目评价指标体系。专家既有内部项目相关方航天系统内部专家，也有外部相关方航天系统外部专家，涉及项目相关方各方，航天系统内部专家主要是既熟悉型号、又熟悉项目管理的专家。

项目评价准则的设计借鉴了项目管理成熟度的评价准则，充分考虑了航天项目的特征，关注了可操作性、可用性等要求。项目评价指标权重的设置方法包括主观赋权法、客观赋权法和组合赋权法。鉴于本书所建立的评价指标体系既包括定性指标又包括定量指标，本书采用主观赋权法中的德尔菲法，综合评价方法采用加权方法。

在写作方法上，本书始终坚持系统性、规范性、科学性、先进性、前瞻性、引领性、可读性等基本原则。本书在撰著时不拘泥于航天型号项目目前实际工作状况，在评价标准、评价要素表征、航天项目成功评价等方面，应用了先进的理论、方法和理性预期，考虑了航天项目的特点，提出了新的认知，供项目管理、项目评价等项目理论研究和实践的专家、学者、从业者、爱好者等参考和借鉴。

1.5　内容和架构

本书的架构如图 1-1 所示。

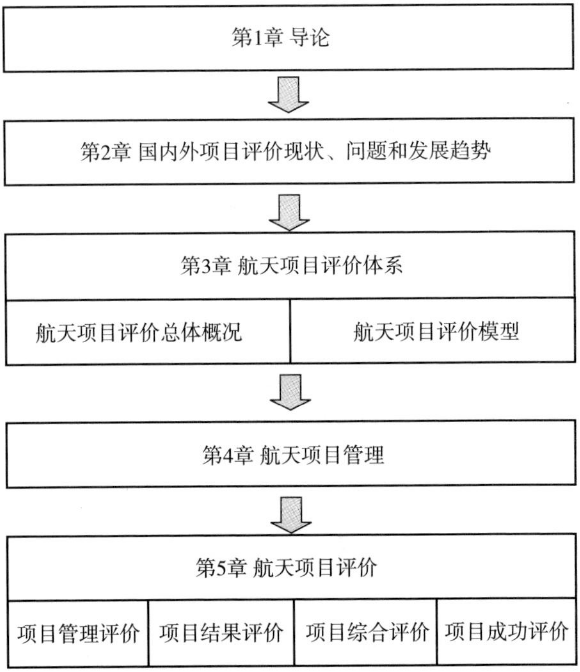

图 1-1　本书内容总体架构

第 1 章，陈述本书撰著背景，目的、意义，范围和适用性，架构、内容，研究方法、写作方法。

第 2 章，概述国内外项目评价现状、问题和发展趋势。主要在对项目评价的概念界定和分类的基础上，对国外和国内的项目评价的理论与实践情况进行阐述，包括国内外项目评价的发展历程，并重点对项目管理评价进行综述。

第 3 章，阐述航天项目评价体系。重点对美军的航天项目评价进行阐述，并从评价主体和项目研制全生命周期视角分别对我国的航天项目评价进行综述。重点研究了航天项目评价模型，包括评价目的、评价主体、评价客体、评价范围、评价时间、评价内容，并对航天项目评价指标体系构建的总体思路、构建原则进行了阐述，构建了航天项目评价指标体系。

第 4 章，从各个维度对航天项目管理知识进行了详细阐释，包括各个管理要素的概念内涵以及主要内容。

第 5 章，从两个维度探讨项目评价的标准，一方面从项目管理成熟程度和项目工作完成的可靠性、可信性研究项目管理过程评价标准；另一方面从项目结果维度阐释各个指标的评价要素表征。同时，研究并提出一套可操作的指标权重设置、计算方法，提出项目综合评价方法。最后，给出航天项目成功的标准和影响因素。

第 2 章　国内外项目评价现状、问题和发展趋势

2.1　概念界定

项目是为创造独特的产品、服务或成果而进行的临时性工作（《PMBOK® 指南》第 6 版）。航天项目是在一定的约束条件下满足航天特定目标的一次性任务。航天项目除具有一般项目的一次性、生命周期性、目的性、独创性、约束性、系统性、风险性、冲突性、不确定性等特征以外，还具有科技含量高、独创性强、系统巨复杂、投资规模大、研制周期长、不确定性大、研制失败的损失大、政治性影响大等特征。

飞行器可分为航空飞行器、航天飞行器。从飞行范围来看，火箭和大部分导弹更接近于航天飞行器，因此，本书将火箭和导弹归属于航天的范畴。从飞行器的分类视角，本书中所指的航天项目包括航天飞行器[①]、火箭和导弹等项目。此外，航天项目还分为一般型号项目和军贸项目。与一般型号项目相比，军贸项目具有市场化程度高、研发周期短、成本约束性强、产品成熟度需求高、质量和进度要求严格等特点。因此，这两类项目在评价过程中的关注点不同。

项目评价有狭义和广义之分。狭义的项目评价是项目立项之前的评价，下文将会进行详细定义和阐释。广义的项目评价是在项目全生命周期过程中，为了更好地实施项目管理和决策，采用合适的评价准则，应用科学的评价理论和方法，开展的评价活动。

项目评价主要有三种分类方法：一是根据评价时间分为项目前评

---

① 此处航天飞行器指航天器，不包含火箭。——编者注

价、项目跟踪评价和项目后评价；二是根据项目评价的内容分为专项评价和综合评价，专项评价是对项目单一要素或项目某一方面的评价，包括项目经济评价、项目技术评价、项目运营环境评价、项目环境影响评价、项目风险评价、项目管理评价、项目成功评价、项目绩效评价等，综合评价是对项目综合类指标或对项目总体类指标开展评价；三是根据项目实施状态分为项目过程评价和项目结果评价，根据评价主体的需求，项目评价内容可以是被评价对象的过程状态评价，也可以是结果评价。

2.1.1　按照项目评价时间分类

（1）项目前评价

项目前评价是指在项目可行性研究（也称项目论证）的基础上，由第三方（国家、投资方、顾客或有关机构）根据国家颁布的政策、法规、制度、条例、方法等，从项目（或单位）、国民经济、社会角度等出发，对项目实施的必要性、实施条件、市场需求、工程技术、经济效益和社会效益等进行全面评价，进而判断其是否可行的评价过程。

项目前评价是在项目正式确立和实施之前进行的，目的是确保“做正确的事”。项目论证和项目评价既有区别又有联系。项目论证主要由项目业主（顾客 / 用户），即项目提出方负责或组织委托实施，项目评价通常由项目投资者或项目管理部门负责或组织委托实施。

（2）项目跟踪评价

项目跟踪评价指在项目立项后，在项目实施期间，开展项目状态和项目进展情况评价，对照项目目标和项目范围，对已完成的工作进行监测和评价。项目跟踪评价的目的是确保正确地做事，检测项目实施的实际状态与目标状态的偏差，分析原因、制约环节和影响因素，采取必要的管理措施来实现既定目标。同时，及时反馈信息，改进项目管理，以利于项目利益相关方及时了解和把握项目状况，对项目实施监督和控制。

（3）项目后评价

项目后评价是指在项目结束后，对项目的综合评价，包括项目实际实施情况的评价，以及项目前评价的检验评价等，目的是评价项目是否获取了正确的结果。

2.1.2 按照项目评价内容分类

项目评价按照内容分类，分为专项评价和综合评价。专项评价的侧重点各有不同，包括项目经济评价、项目技术评价、项目运营环境评价、项目环境影响评价、项目风险评价、项目管理评价、项目成功评价和项目绩效评价等。项目综合评价是对项目综合类指标或总体类指标的综合评价，是对项目专项评价结果所进行的综合与集成。

（1）项目经济评价

项目经济评价是指对项目经济特性的分析和评价，可以分为财务评价和国民经济评价。其中，项目财务评价是以国家现行财税制度为依据，从企业的经济效益出发，对项目经济特性的评价。项目国民经济评价是从国家（行业）和整个社会的角度出发，对项目的国民经济方面的成本效益进行的全面评价，即从国民经济全局出发所做的项目论证与评价。

（2）项目技术评价

项目技术评价包括三个方面：一是对项目本身生产运营技术的可行性和先进性的评价；二是对项目实施过程中所使用技术的可行性和先进性的评价；三是对项目实施和运行中所使用的技术装备的可行性的评价。

（3）项目运营环境评价

项目运营环境评价是指对项目实施和投入运营以后所面临的各种微观和宏观运行环境和支持条件方面的评价，这些环境与条件直接关系到项目的经济效益和运营效果。

（4）项目环境影响评价

项目环境影响评价是指对项目实施和运营给自然环境和社会环境等所造成的各种影响的全面评价。其中项目对自然环境的影响包括项目实施与运营造成的生态、大气、水、海洋、土地、森林和草原等方面的影响；项目对社会环境的影响包括项目对社会、文化、文化遗迹、民族文化风俗和风景名胜区等方面的影响。

（5）项目风险评价

项目风险评价是指对影响项目目标实现的不确定性的评价，包括项目风险发生的概率及其可能带来的损益，是项目评价的重要组成部分。

（6）项目管理评价

项目管理评价是以项目竣工验收和项目效益评价为基础，对项目全生命周期各阶段管理工作进行评价，目的是通过对项目各阶段管理工作的实际情况进行分析、研究，形成项目管理情况的总体结论。项目管理评价包括项目过程管理评价、项目管理综合评价、项目管理者评价、项目管理结果评价等。

（7）项目成功评价

项目成功评价是对照项目目标、项目范围，按照项目成功标准，对项目成功与否进行的评价。

（8）项目绩效评价

项目绩效评价涉及项目实施过程和项目结果两个维度。项目实施过程维度主要评价项目实施过程中的符合性和效率；项目结果指的是项目目标的实现情况和项目产出的效益。项目绩效是项目实施过程和项目结果的综合体现。

2.1.3　按照项目实施状态分类

按照项目实施状态，可以将项目评价分为项目过程评价和项目结果评价。其中，项目过程评价主要是项目管理过程的评价，侧重于是否完成规定工作以及工作质量，通过过程保障结果的实现。项目结果评价不仅包括项目最终产品的评价，还包括项目衍生结果，如项目人才成长评价、项目效益评价、项目价值创造评价等。

2.2　理论与实践

2.2.1　国外项目评价理论与实践

（1）国外项目评价发展历程

项目评价最早起源于西方发达国家，然后在世界范围内得到了广泛应用和推广。项目评价主要经历了以下三个阶段：

①初创阶段

20 世纪 30 年代，西方发达国家为了刺激经济复苏，加大了公共投资项目和基础设施项目建设，运用项目评价方法进行项目决策。例如，1936 年，美国为了有效控制洪水而大兴水利工程，并颁布《全国洪水控制法》，规定运用成本效益分析方法评价此类项目，只有当项目产生的效益大于投入成本时才被认为是可行的。随后，英国、加拿大等国政府也相继出台规定进行项目评价。这个阶段的项目评价主要在项目开始前评价，用于项目投资决策。

②形成阶段

现代项目评价系统方法形成于 20 世纪 60 年代末期，一些西方发展经济学家致力于研究发展中国家的投资项目评价理论和方法，先后出版了《发展中国家工业项目分析手册》《项目经济分析》《工业项目评价手册》等，标志着项目评价的原理和方法走向成熟。

③推广阶段

20 世纪 80 年代以后，项目开发活动日趋频繁，项目评价越来越受到各国政府、各级组织、各类机构和企业的重视，从而在全世界获得了极大的应用和推广。现在，不管是项目业主还是项目承包商或政府主管部门以及投资机构，在他们做出各种项目决策前都要进行项目评价。尤其是政府部门、项目的贷款银行、环保机构等，在做出各种项目决策的时候更要以项目评价结果作为依据，只是项目评价的内容和方法有所不同而已。

20 世纪后期，随着项目开发的频繁化、多元化、复杂性和不确定性，现代项目管理的发展成熟，项目评价也由项目前评价逐渐扩展到项目全生命周期评价。项目管理评价作为项目评价的重要内容，随着现代项目管理的发展而发展起来，其中较具有代表性的是项目管理成熟度模型和国际项目管理大奖模型。1986 年美国卡内基 · 梅隆大学软件工程研究所（SEI）开发的软件过程能力成熟度模型（SEI-CMM）是较早开发且成功应用的一个模型，随后许多领域纷纷效仿，开发了多种项目管理评价模型。2001 年国际项目管理协会（IPMA）推出卓越项目管理模型对项目管理进行评价，同时开展了以卓越项目管理模型为准则的国际项目管理大奖评选活动。

（2）国外项目评价理论与实践

国际项目管理协会、美国项目管理协会（PMI）和英国政府商务部（OGC，现更名为英国内阁办公室）等国外项目管理研究机构分别从个人、项目和组织三个层面构建项目管理评价模型，并进行了实践推广。

较早用于项目评价的模型是过程能力成熟度模型。1986 年 11 月，美国卡内基 · 梅隆大学软件工程研究所应美国国防部的要求，开发了促进软件开发管理的模型——软件过程能力成熟度模型（SEI-CMM）。由于 SEI-CMM 成功的巨大影响，许多相关的项目管理机构纷纷效仿，相继开发了许多基于 SEI-CMM 的组织项目管理成熟度模型。PMI 也开始注重这方面的研究，开发了组织项目管理成熟度模型（OPM3）。2012 年国际项目管理协会开发的组织项目管理成熟度模型（DELTA）把项目管理评价提升到一个新水平。

1997 年，德国借鉴欧洲质量管理奖模型（欧洲 EFQM 模型），改造发展形成卓越项目管理模型（Project Excellence Model），简称 PE 模型，开始用于项目管理的评价。2001 年，国际项目管理协会以 PE 模型为评价准则开展项目管理评价，同时开展了以卓越项目管理模型为准则的国际项目管理大奖评选活动。该评选活动在全世界引起强烈反响，被誉为项目管理界的“奥斯卡”奖，是衡量项目管理能力和水平的最权威活动。全球有德国、法国、英国、奥地利、瑞典、瑞士、波兰、西班牙、澳大利亚、意大利、印度、中国等三十几个国家的 70 多个项目获奖。

目前，有关项目管理成熟度、能力成熟度评价的模型有 30 余种，各有特色。以下详细介绍在项目评价领域较为经典的 PE 模型（IPMA）、OPM3 模型（PMI）、SW-CMM 模型、CMMI 模型、DELTA 模型（IPMA）和欧洲 EFQM 模型。另外，在附录中列举了其他较为常用的项目管理成熟度评价模型，这些模型从不同的角度、维度，构建项目评价架构和指标，对被评价对象实施评价，且自身依然在应用、发展和成熟中。

① PE 模型

PE 模型即卓越项目管理模型，是 IPMA 设立的国际项目管理大奖评选的依据。IPMA 一直致力于研究卓越项目的管理特征，在积累了大量的成功项目数据的基础上，参考一些成熟的管理模型，推出了自己的大奖评价模型。从演变历史上，大奖评价模型经历了三次大的调整。自 2015 年起，IPMA 正式发布最新的评价模型，即 PE 模型。模型具有包容性、系统完整性、循证性、规范性等特征。

PE 模型主要参考了基础质量管理标准和项目管理标准。从模型的理念和架构上，IPMA 主要基于全面质量管理（TQM）和欧洲质量管理模型（EFQM）完成了 PE 模型的设计工作。

在 PE 模型的设计上，除了参考通用的管理模型外，IPMA 依托多年积累的项目管理理论，将多个项目管理模型有机融入到 PE 模型中，主要包括三大项目管理标准模型（PMBOK、OPM3、ICB）。

PE 模型的架构设计，着力从“项目管理”和“项目结果”两个方面对项目进行评价，共设 9 个评价标准，分为“项目管理（500 分）”“项目结果（500 分）”两个部分。项目管理部分有 5 个标准，分别是项目目标（140 分）、领导力（80 分）、人员（70 分）、资源（70 分）、过程（140 分）；项目结果部分有 4 个标准，分别是客户结果（180 分）、人员结果（80 分）、利益相关方结果（60 分）、主要成就和项目结果（180 分）。IPMA 的国际大奖评价模型如图 2-1 所示。

PE 模型通过三个层次来反映项目的全部管理状态。第一层次（基础层次）：领域（Areas）——卓越项目的主要组成部分（人员及目标、过程及资源、成果）。前两个与项目管理状态直接相关，第三个与项目成果直接相关。针对领域的评价能很好地反馈出项目实施水平，全面展示项目实施成果的核心能力。第二层次（知识层次）：标准（Criteria）——基于卓越项目的核心领域，针对领域中的关键要素，形成可测量、可持续发展、可及时反馈的标准结构，这是企业最有价值的知识积累。第三层次（展示层次）：案例（Examples）——第三层次主要是指实践中常见的优秀项目。通过对案例的分析研究，除提高项目团队的管理水平，不断改善企业的项目环境外，还能通过项目实践，不断改善项目标准（第二层次），最终完善项目领域（第一层次）。

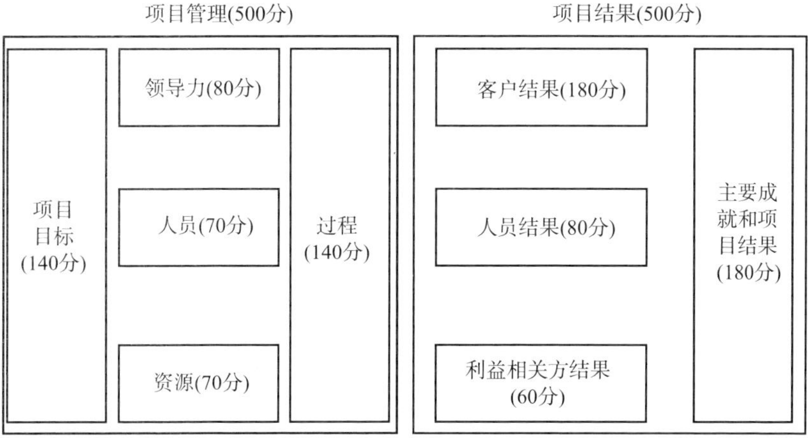

图 2-1　IPMA 的国际大奖评价模型

PE 模型的指标结构包括 3 个领域、9 个子领域、20 个评价标准、107 个要素标准及大量的案例、过程记录、证明文件等。领域 A——人员及目标：与人员及目标相关的管理领域是卓越项目模型的基础。优秀的管理人员、清晰的目标设定，对推动项目进步，达到既定标准至关重要。具体分为：（A1）领导力和价值观；（A2）目标和战略；（A3）项目团队，合作伙伴和供应商。领域 B——过程及资源：针对项目过程和资源的管理水平，代表着项目实施过程中的高效、可持续发展的管理模式。这一领域的成果也为项目管理水平的不断创新和改善提供了坚实的基础。具体分为：（B1）项目过程管理和资源管理；（B2）其他关键流程和资源管理。领域 C——成果：项目成果是项目卓越模型领域中的一个必要的证明，也是项目中各种利益相关方的实际收益的系统表现。对成果的评定将证明，在项目实践中，优秀的项目管理方法、高效的管理水平，必将获得所有利益相关方均满意的卓越的项目成果。具体分为：（C1）客户满意度；（C2）项目团队满意度；（C3）其他利益相关方的满意度；（C4）项目的结果及对环境的影响。

PE 模型为组织和项目团队提供了科学的项目评价方法，使组织和项目团队能识别自身项目管理的现状，了解被评价项目在项目管理和项目结果方面的强项和弱项，依此对照最佳实践找到改进的方向。

② OPM3 模型

OPM3 模型是 PMI 的组织项目管理成熟度模型（Organizational Project Management Maturity Model，OPM3）。1998 年，PMI 开始启动 OPM3 计划，并期望作为标准模型投入市场竞争。John Schlichter 担任 OPM3 计划的主管，在全球招募了来自包括中国在内的 35 个国家、不同行业的 800 余位专业人员参与。经过 5 年的努力，OPM3 终于在 2003 年 12 月问世，掀起继 CMM 后的另一股企业开始追求建立“组织全面性项目管理能力”的风潮。

PMI 对 OPM3 的定义是：评价组织通过管理单个项目和项目组合来实施自己战略目标的能力的方法，也是帮助组织提高市场竞争力的工具。OPM3 的目标是“帮助组织通过开发其能力，成功地、可靠地、按计划地选择并交付项目而实现其战略”。OPM3 为使用者提供了丰富的知识和自我评价的标准，用以确定组织的当前状态，并制定相应的改进计划。

“组织项目管理”是指通过项目将知识、技能、工具和技术应用于组织和项目活动来达到组织目标。首先，“组织”扩展了项目管理的范围，不仅仅包括单一项目的成功交付，还包括项目集管理（Programme Management）和项目组合管理（Portfolio Management）。单个项目的管理可以认为是战术水平的，而组织项目管理上升到了战略高度，被视为组织的一项战略优势。

“成熟度模型”可以定义为描述如何提高或获得某些期待物（如能力）的过程的框架。“成熟度”一词指出能力必须随着时间持续提高，这样才能在竞争中不断地获取成功。“模式”是指一个过程中的变化、进步或步骤。OPM3 为组织提供了一个测量、比较、改进项目管理能力的方法和工具。

OPM3 模型的基本构成有以下要素：

1）“最佳实践”（Best Practices）：组织项目管理的一套“最佳实践”是指经实践证明和得到广泛认同的比较成熟的做法（标杆）；

2）能力组成（the Constituent Capabilities）：能力是“最佳实践”的前提条件，或者说，能力集合成“最佳实践”，具备了某些能力组成就预示着对应的“最佳实践”可以实现；

3）路径（Pathways）：识别能力整合成“最佳实践”的路径，包括一个“最佳实践”内部的和不同“最佳实践”之间的各种能力的相互关系；

4）可见的结果（Observable Outcomes）：这些结果和组织的种种能力之间有确定的关系，可见的结果意味着组织存在或者达到了某种特定的能力；

5）主要绩效指标（Key Performance Indicators）：能测定每个结果的一个或多个主要绩效指标；

6）模型的范畴（Model Context）：包括组织项目管理的过程和改进的步骤和梯级。

这些“最佳实践”、能力、结果和绩效指标，同一些叙述性的说明、指导手册、自我评价模板和组织项目管理过程的描述一起构成了OPM3 的组织项目管理成熟度模型。

PMI 的 OPM3 模型是一个三维模型，第一维是成熟度的四个梯级，第二维是项目管理的九个领域和五个过程，第三维是组织项目管理的三个层次。如图 2-2 所示，成熟度的四个梯级分别是：1）标准化的（Standardizing）；2）可测量的（Measuring）；3）可控制的（Controlling）；4）持续改进的（Continuously Improving）。

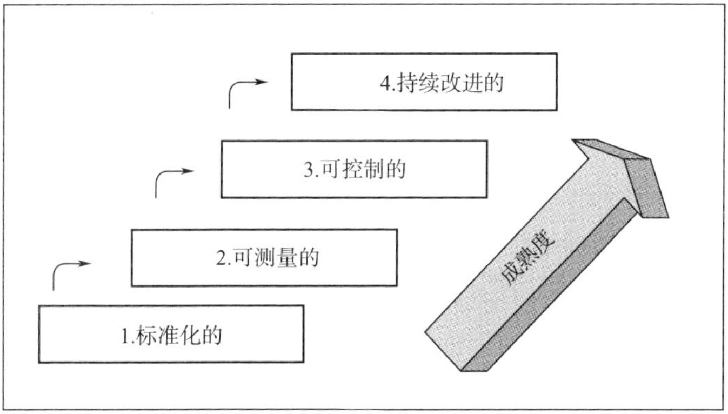

图 2-2　成熟度的四个梯级

因此，组织就可以看出哪些最佳实践与组织项目管理成熟度最密切相关，组织处于成熟度的哪一等级，如何进行改进。然而，OPM3 不仅用改进过程梯级来构筑它的内容，还把这种框架延伸到了项目集和项目组合的管理层次。这个框架允许模型对管理进行逐步优化，使用者可以根据实际需要在组织项目管理的三个层次由小到大逐步推广应用，这就需要搞明白每个最佳实践在三个层次中逐层扩展的含义。

项目管理的九个领域包括：项目整体管理、项目范围管理、项目时间管理、项目费用管理、项目质量管理、项目人力资源管理、项目沟通管理、项目风险管理和项目采购管理。

项目管理的五个基本过程包括：启动过程（Initiating Processes）、计划过程（Planning Processes）、执行过程（Executing Processes）、控制过程（Controlling Processes）和收尾过程（Closing Processes）。根据它们的相互关系和正常的信息流向，过程组如图 2-3 所示。

组织项目管理的三个层次是单个项目管理、项目集（群）管理和项目组合管理。

这些相同的过程也可以扩展应用于项目集管理和项目组合管理。把它们放在组织项目管理三个层次的范畴中，可以看到这些过程组与组织战略规划之间的重要关系。

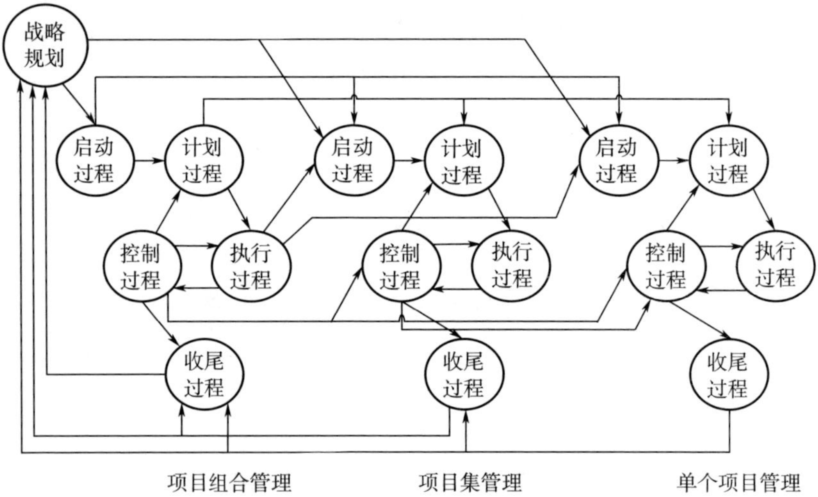

图 2-3　项目管理基本过程与组织战略规划之间的关系

PMI 的 OPM3 模型的主要特点有：

1）现实可信。该模型是根据广泛、深入和有效的试运行的结果开发建立的，这些试运行又是在多个有代表性的组织中实施的。

2）实用。该模型给出了提升能力和实现结果的路线图，并且提供了进行投资必须建立的项目管理基础设施和能力培育的方法。

3）容易使用。具有高中学历的人经过学习就可以理解并使用它，用户不需要特殊的技能就可以进行自我评价，自动得出评价结果。

4）稳固有效。对从一个评价到下一个评价能提供稳固有效的指引，也可以对一个组织的次级组织进行评价和比较。

5）准确。该模型使用稳固的、可重复的方法查找证据，评价组织能力和结果，确定组织在项目管理成熟度模型中的位置。

6）着重基准测定和绩效提高。绩效改进和提高依赖于模型中的每种能力。

7）表明“原因和结果”。该模型定义了能力、项目成果和绩效指标之间的相互依赖和因果关系。

OPM3 模型目标是提供一种开发组织项目管理能力的基本方法，并使它们的项目与组织战略紧密地联系起来。OPM3 模型为使用者提供了丰富的知识来了解组织项目管理，并给出了对照标准用于自我评价的工具，来确定组织当前状况，以及制定改进计划。OPM3 模型可以有以下用途：

1）通过内部的纵向比较、评价，找出组织改进的方向。

2）通过外部的横向比较，提升组织在市场中的竞争力。

3）组织通过评价、改进和宣传，提升形象。

4）顾客、用户、项目相关方要求组织按照 OPM3 模型的标尺达到某级成熟度，以便选择更有能力的投标人，并作为一种项目控制的手段。

OPM3 模型分为五级，但 OPM3 模型的内容并没有拘泥于成熟度的分级，而重在如何使组织能够识别和改善项目管理的过程。OPM3 模型的应用包括学习标准、评价组织状况、确定改进重点和路径、评价当前能力、制定改进计划、改进执行和重复实施等一系列不断提高的过程，如图 2-4 所示。

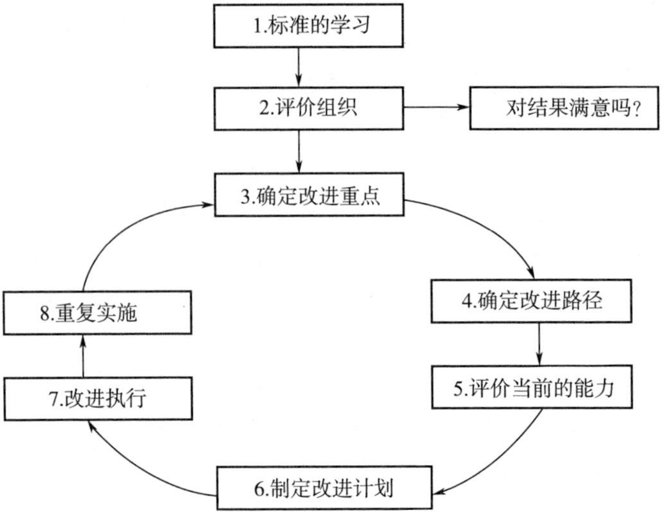

图 2-4　OPM3 模型

③ SW-CMM 模型

SW-CMM（Capability Maturity Model for Software）模型是由美国卡内基·梅隆大学软件工程研究所于 1987 年开发的软件能力成熟度模型，是对软件组织在定义、实现、度量、控制和改善其软件工作的过程中各个发展阶段的描述。模型可以确定软件组织的现有过程能力，查找软件质量过程改进方面的关键问题（软件开发过程、软件开发方法），既为软件过程改进提供指南，又为软件过程能力评价提供依据。SW-CMM 模型的核心是把软件开发视为一个过程，对软件开发和维护进行过程监控和研究，以使其科学化、标准化，SW-CMM 模型是一种软件开发过程能力成熟度评价模型。SW-CMM 模型最早是应美国国防部委托开发的旨在评价软件契约承包商 / 供应商软件开发能力、监督承包商软件开发工作能力和状况、提高军用软件开发能力、保证军用外包软件项目质量的模型。

SW-CMM 模型是一种用于评价软件承包商能力并帮助其改善软件质量的方法，侧重于软件开发过程的管理及工程能力的提高与评价。SW-CMM 模型认为，只要集中精力持续努力建立有效的软件工程过程的基础结构，不断进行管理的实践和过程的改进，就可以提高软件生产质量。SW-CMM 模型是目前国际上最流行、最实用的一种软件生产过程标准，已经得到了众多国家以及国际软件产业界的认可，成为当今企业从事规模软件生产不可缺少的一项内容。分析模型评价应用的结果可见当今整个软件企业现状：最多的成熟度为 1 级，较多的成熟度为 2 级，少数的成熟度为 3 级，极少数成熟度为 4 级，成熟度为 5 级的更是凤毛麟角。

SW-CMM 模型为软件企业过程能力提供了一个阶梯式的改进框架，它基于过去所有软件工程过程改进的成果，吸取了以往软件工程的经验教训，提供了一个基于过程改进的框架。模型指明了一个软件组织在软件开发方面需要管理哪些主要工作、这些工作之间的关系，以及以怎样的先后次序，一步一步地做好这些工作，从而使软件组织走向成熟。

好多能力成熟度模型是在 SW-CMM 模型基础上开发或演变的，某种程度上 SW-CMM 模型是能力成熟度模型的元模型。

SW-CMM 模型由成熟度等级（Maturity Levels）、过程能力（Process Capability）、关键过程域（Key Process Areas）、目标（Goals）、公共特性（Common Features）和关键实践（Key Practices）等要素构成。成熟度等级作为一种层级结构，只有不断改进提高才能达到相应层级。关键过程域是指一系列相互关联的实践活动，这些活动反映了一个软件组织改进过程中必须集中精力改进的几个方面，在它们的共同作用下，各项重要目标得以实现。目标是指每一项关键过程都应有一个既定目标，它表达了一种必须实现的、存在的状态，这种状态必须高效地、持久地保持下去，否则过程无法正常运作。目标完成情况还是组织成熟度的标示器，目标还意味着关键过程域的范围、边界及目的。共同特性是在关键过程执行过程中及过程标准化过程中所反映出来的共同属性，包括执行决心、执行能力、具体活动、测量分析、执行检验。关键实践是指对关键过程域的执行和制度化发挥着重要作用的实践活动和基础结构。

SW-CMM 模型分为 5 个等级、18 个关键过程域、52 个目标、300 多个关键实践，除了第一级外，其他每一级由几个关键过程域组成，每一个关键过程域都由公共特性予以表征。SW-CMM 给每个关键过程域规定了一些具体目标，每个公共特性归类的关键实践是按该关键过程域的具体目标选择和确定的。如果恰当地履行了某个关键过程域涉及的全部关键实践，这个关键过程域的各项目标就能达到，表明该关键过程域得以实现。

这种分级的思路在于把一个组织执行软件过程的成熟度分成循序渐进的几个阶段，这与软件组织提高自身能力的实际推进过程相吻合。

SW-CMM 模型提供了一套循序渐进的改善指导方针，让一个混乱、不成熟的软件组织演进到成熟、有制度，以下概略地叙述这五个成熟度等级（见图 2-5）。1 级，初始级，组织软件开发过程是临时的、未加定义的随意过程，有时甚至是混乱的。没有几个过程是被定义的，常常靠个人的努力来取得成功。2 级，可重复级，组织建立了基本的项目管理过程来跟踪软件项目的成本、进度和功能。这些管理过程和方法可供重复使用，可把过去成功的经验用于当前和今后类似的项目。3 级，已定义级，组织管理活动和软件工程活动的软件过程文档化、标准化，并被集成到组织的标准软件过程之中。组织所有的项目都使用一个经批准的、特制的标准过程版本。4 级，已管理级，组织软件过程和产品质量控制措施已落实，管控精细、量化。5 级，优化级，组织优化技术设计、软件开发过程和产品创新，进行基准比较，并持续改进。每一成熟度等级组织的特征和关键过程域见表 2-1。

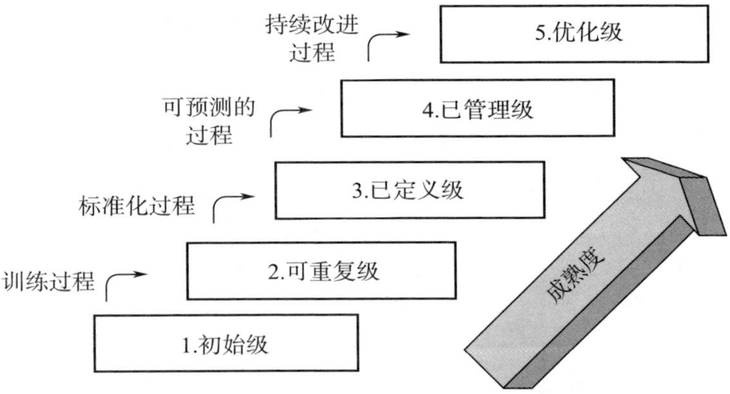

图 2-5　SW-CMM 模型的五个等级

表 2-1　每一成熟度等级组织的特征和关键过程域

等级	描述	关键过程域
初始级	软件过程的特点是无秩序的，偶尔甚至是混乱的。几乎没有什么过程是经过定义的，成功依赖于个人的努力	· 没有需执行的过程
可重复级	已建立基本项目管理过程，去跟踪成本、进度和功能。必要的过程纪律已经就位，使具有类似应用的项目能重复以前的成功	· 需求管理 · 软件项目计划 · 软件项目跟踪和监督 · 软件分合管理 · 软件质量保证 · 软件配置管理
已定义级	管理活动和工程活动两方面的软件已文档化、标准化，并集成到组织的标准化软件过程，全部项目采用一个经批准的，可供开发和维护软件用的标准化、可剪裁的软件过程版本	· 组织过程焦点 · 组织过程定义 · 培训大纲 · 集成软件管理 · 软件产品工程 · 组织协调 · 同行评审
已管理级	已采集详细的有关软件过程和产品质量的度量，无论软件过程还是产品，均得到定量了解和控制	· 定量过程管理 · 软件质量管理
优化级	利用来自过程和新思想、新技术的先导性试验的定量反馈信息，使持续过程改进成为可能	· 缺陷预防 · 技术改革管理 · 过程更改管理

④ CMMI 模型

CMMI（Capability Maturity Model Integration）是 SEI 于 1997 年研发的集成能力成熟度模型，目的是规避 CMM 模型仅关注软件过程改善和能力提高的局限，整合不同类似成熟度模型的最佳实践，完善模型过程、改进内容重叠的资源浪费、构架与原则差异的不适应，建立统一模型，覆盖不同领域，实现全面过程的改进和完善。

CMMI 模型主要针对智力密集、集成开发、管理系统复杂的知识密集型企业。CMMI 模型的所有构件分为三大部件：必需部件（目标性的构件）、期望部件（实践性的构件）、信息部件（陈述性的构件）。CMMI 源模型有阶段式和连续式两种表达方式，包括阶段式的 SW-CMM 模型和连续式的 IPD-CMM 模型，阶段式用来描述组织上的整体成熟度，而连续式关注的是组织单个过程域的能力，如图 2-6、图 2-7 所示。选用哪种表达方式，需根据组织自身过程改进的实际情况来确定，同时需要判断涉及哪些具体知识领域。阶段式与连续式所包含的过程域是完全一致的，都以 CMMI-SF/SW/IPPD 模型的 24 个过程域为基础。两者的区别在于：在阶段式模型中，一个过程域只存在于单一的成熟度等级上，且从不跨越等级，因此阶段式模型的定义完全是按过程域的分组进行的，从 ML2 级到 ML5 级，每个等级含若干个过程域，形成 4 个阶梯等级组。在连续式模型中，一个过程域可以根据过程改进的需要跨越等级，为多个能力等级共享和服务。CMMI 模型的一个特点是尽量覆盖更多的领域，CMMI 的任何源模型均包括四个领域：软件工程（SW）、系统工程（SE）、集成的产品与过程开发（IPPD）和采购（SS）。企业可以根据需要选择 SW 或 SE，也可以都选。IPPD 和 SS 主要是配合软件工程和系统工程的内容使用。如单纯软件开发企业可以选择 CMMI 中 SW 的内容；设备制造企业可以选择 SE 和 SS；产品集成企业可以选择 SW、SE 和 IPPD。

CMMI 模型通过表现形式支持每一种途径：阶段表现形式用于最有效地支持组织成熟度改进途径，将过程域分成 5 个成熟度水平，以支持和指导过程改进；连续表现形式将过程区域分为四大类：过程管理、项目管理、工程以及支持，用于最有效地支持过程域能力改进途径，过程域采用 6 个能力水平（见图 2-8）。

CMM 适用于软件的组织成熟度测评。CMMI 适用于多种组织成熟度测评，其中 CMMI-SW 适用于软件。CMMI 相对 CMM 更完整，更适用于大环境。

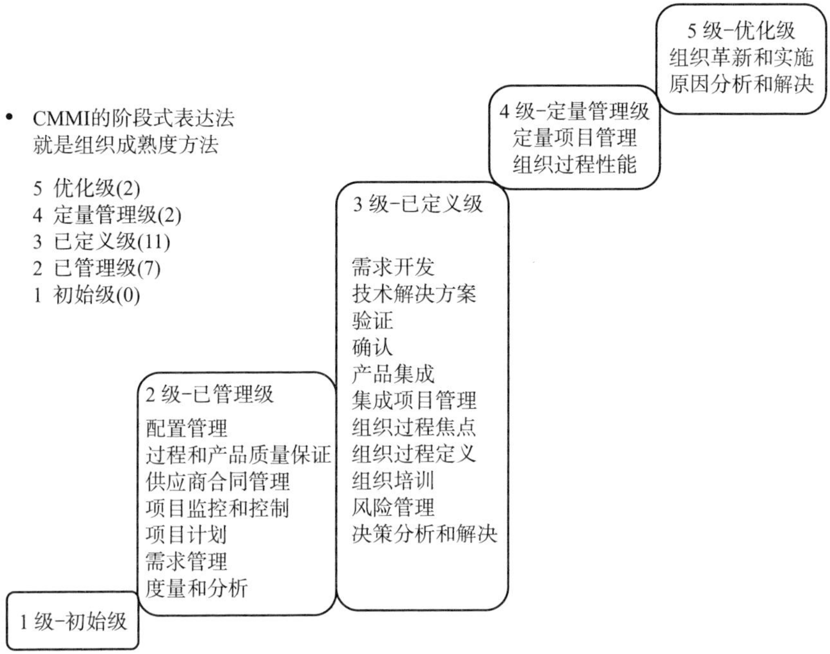

图 2-6　CMMI 模型（阶段式表达）

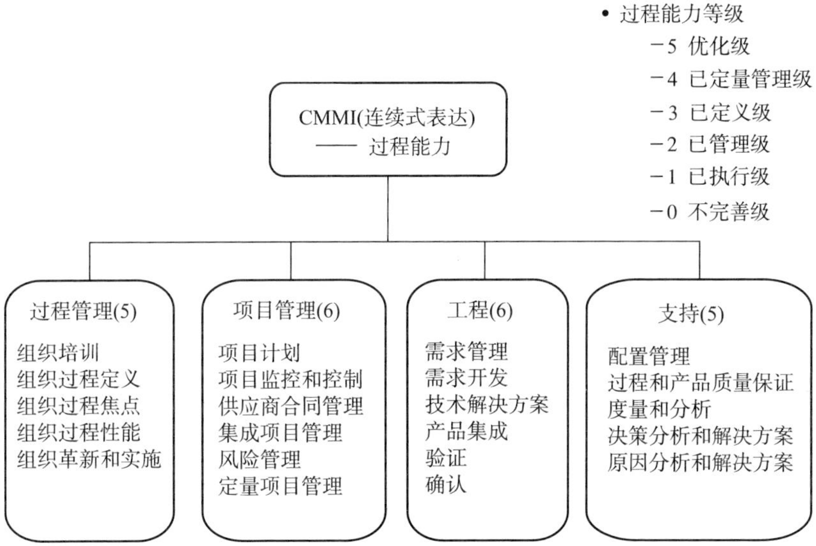

图 2-7　CMMI 模型（连续式表达）

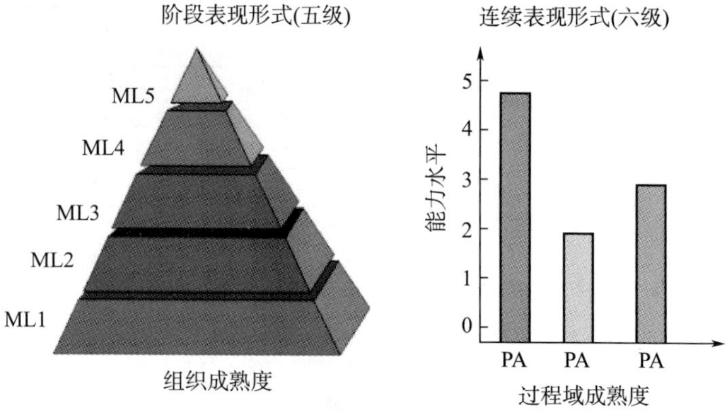

图 2-8　CMMI 模型表现形式

每级关键过程域有所不同：CMM2 级有 6 个关键过程域，在 CMMI 中增加了一个：度量与分析；最显著的还是在 CMM3 级中，原来的 7 个 KPA 改为 11 个；CMM4 级有 2 个关键过程域，在 CMMI 中也是 2 个，只是名称与内容有所改变；在 CMM5 级中有 3 个 KPA，在 CMMI 中合并了，改为 2 个。

CMMI 提供了一个软件企业不断成熟的框架：2 级是解决质量管理体系从无到有的问题，使软件项目的基本管理可以重复；3 级是从特殊到一般的过程，提高质量管理的一个层次；4 级是从定性管理到定量管理的过程，通过定量控制达到结果可预测；5 级是从静态管理到动态管理的过程，解决技术和过程的更新，使质量管理体系持续改进和提高。

⑤ DELTA 模型

DELTA 模型（金三角模型）是由 IPMA 开发的面向组织的项目管理能力国际认证评价模型，于 2001 年发布并推广应用。

DELTA 模型认为组织能力是组织为满足利益相关方需要实现特定目标应具备的能力，也是某种情况下组织能够直接管理和利用的人员、机构和资源等属性的组合，是组织应对快速变化的环境，动态地构建、整合和重构资源等要素的能力。

DELTA 模型是在整合了 IPMA 项目经理能力评价模型（I 模型）、单项目和项目集评价模型（卓越项目模型——P 模型）的基础上，充分考虑了组织的治理结构、管理过程、管理人员和管理环境 4 个维度的要素（O 模型），统筹整合形成的组织项目管理成熟度模型，如图 2-9 所示。其中面向人员的 I 模型引用 IPMA 个人项目管理能力基准（Individual Competence Baseline，ICB）；面向项目的 P 模型源于 IPMA 国际卓越项目管理评价模型，内容略有变动；面向组织的 O 模型重点评价组织支撑项目管理的能力，从组织治理结构、管理过程、管理人员、管理环境 4 个维度、24 个要素、104 个要点实施项目管理能力评价。

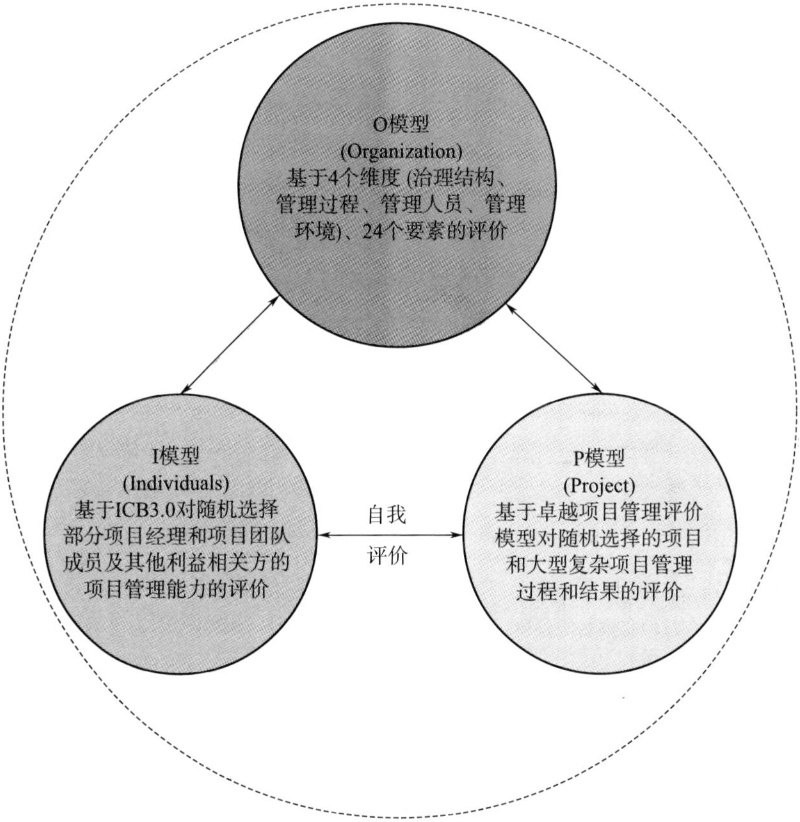

图 2-9　DELTA 模型

如图 2-10 所示，组织项目管理能力评价分为 5 个级别。第一级，个性化管理级，项目管理成效处于个体层面，某些个体执行效果良好，但是偶然的。组织未建立正式的项目管理标准、结构和流程。第二级，规范化管理级，组织已部分定义了管理标准、结构和流程，已部分应用于组织中部分项目的管理。第三级，标准化管理级，组织全面定义了管理标准、结构和流程，已绝大多数应用于组织管理各个方面。第四级，体系化管理级，组织全面定义了管理标准、结构和流程，以全面应用于组织管理各个方面，应用受到组织积极监控。第五级，持续优化管理级，组织全面定义了管理标准、结构和流程，已全面应用于组织管理的各个方面，应用受控有效，不断改进，持续优化。

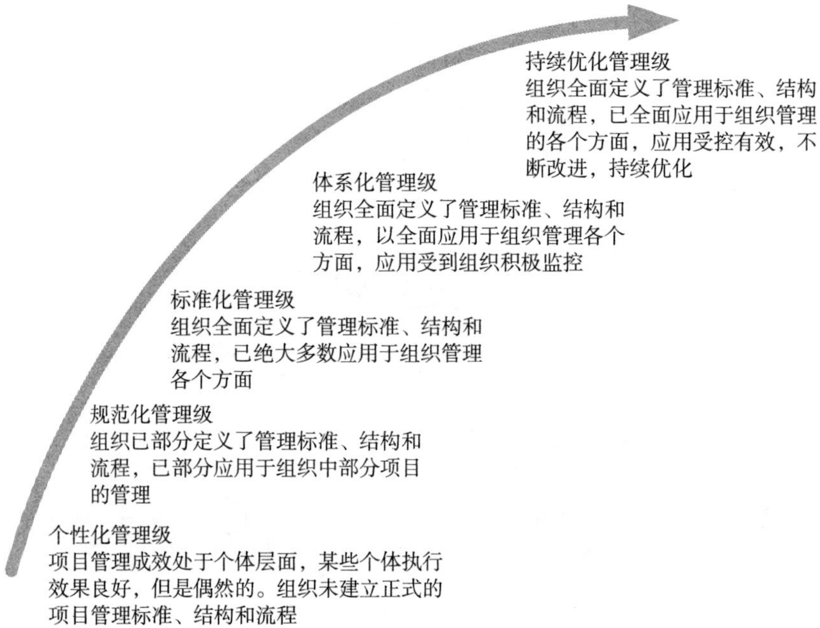

图 2-10　组织项目管理能力评价的 5 个级别

DELTA 模型的主要特点有：

1）系统全面，模型整合了组织中有关项目管理能力要素，评价综合性强。

2）兼顾性好，模型既关注过程，又关注结果。

⑥欧洲 EFQM 模型

欧洲质量奖于 1991 年由欧洲质量组织和欧洲质量管理基金会（European Foundation for Quality Management，EFQM）设立，它采用欧洲质量奖评价模型，该奖是欧洲最具声望和影响力的用于表彰优秀企业的奖项，为企业全面质量管理提供工具，帮助企业内部管理和质量审核。

该模型从组织能力和组织结果两个方面对组织进行评价，包括 9 个准则，如图 2-11 所示。组织能力方面 500 分，包括领导力（100 分）、方针和战略（80 分）、人员管理（90 分）、资源（90 分）和过程（140 分）；组织结果方面 500 分，包括客户结果（200 分）、人员结果（90 分）、社会结果（60 分）、主要经营绩效结果（150 分）。对能力范围的评分从方法、展开两个维度评价，对结果范围的评价从结果的优良程度、结果的范围两个维度评价。

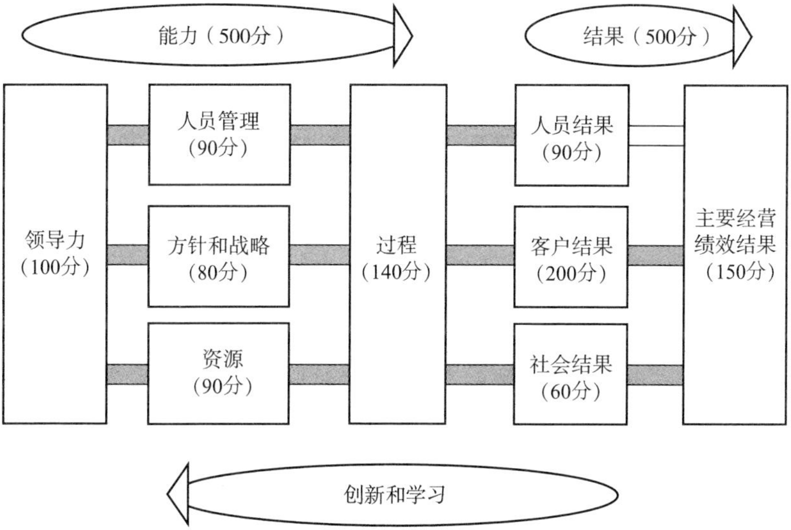

图 2-11　欧洲 EFQM 模型

2.2.2 国内项目评价理论与实践

（1）国内项目评价发展历程

我国的项目评价从20世纪50年代末期开始，大致经历了以下四个阶段。

①初期引进阶段

最初是从20世纪50年代末期开始，主要学习苏联计划经济体制下的项目评价方法。20世纪60年代初期，我国将项目评价工作正式列入全国科学发展规划。

②后期引进阶段

20世纪70年代末期，我国改革开放政策开始实施的同时，西方先进的项目评价工作受到国家和企业的重视。自1978年起，我国全面引进西方国家和世界银行等国际金融组织以及联合国工业发展组织的项目评价方法。

③推广和应用阶段

随着我国经济体制改革和对外开放的深入，中外投资项目不断增多，特别是1980年恢复了我国在世界银行的地位以后，我国安排了大批专业人员在世界银行的经济发展学院接受相关培训，为我国与国际投资项目评价做法的接轨提供了很好的机会。在这一时期，我国很多高等院校和科研院所建立了相应的专业和研究机构，有关译文、译著、论文和专著大量出现，为我国项目评价奠定了理论基础，也推动了我国项目评价的应用和推广。

④改进和提高阶段

1986年，国家计委和建设部专门成立了建设项目经济评价编制组，该编制组在当年年底提交了《建设项目经济评价》讨论稿，随后在1987年正式出版了《建设项目经济评价方法与参数》，为我国建设项目评价工作提供了方法和依据，后来陆续推出了第二版和第三版。

现在，随着项目开发及项目管理的需要，各行业不断消化国外先进模型，并应用、推广和改进。政府通过制定一系列项目评价的指导性文件，指导各行业开展项目评价。专家、学者也在不断充实相关的理论和方法，以解决我国经济与社会发展中出现的项目评价新问题。

（2）国内项目评价理论与实践

关于项目管理评价，国内一些研究机构和学者结合中国国情对项目管理评价进行了积极有益的探索。总的来看，我国目前的项目管理评价还缺乏系统、完备、普适性的项目管理评价模型，以及规范、简便的评价方法，特别是对行业应用领域的指导意义还有限。

项目管理的评价分为三个层次，包括项目经理评价、单个项目和项目集管理评价、组织级项目管理评价。

1）项目经理评价，即对项目经理的评价，在中国范围内开始得较早，普及的范围也较广。目前在我国广泛开展的对项目经理的资质认证，如 PMP、IPMP、CPMP 都属于这方面的评价。

2）单个项目和项目集管理评价，即对单个项目和项目集管理的评价，中国优选法统筹法与经济数学研究会项目管理研究委员会（PMRC）开发了中国卓越项目管理评价模型。该模型在国际项目管理大奖模型的基础上，根据中国的国情和特点增加了环境因素以及项目创新管理活动两个方面。

戚安邦、马旭晨等专家学者开展了项目评价理论研究。戚安邦对项目论证与评价的发展历程、原则、主体、客体，以及全生命周期的项目论证与评价的内容进行了系统研究与梳理，并结合实践对不同行业、种类的项目论证与评价给出了案例，对于项目论证与评价的理论与实践具有指导意义和借鉴价值。针对项目管理评价，马旭晨于 2008 年和 2014 年先后出版了《现代项目管理评估》《现代项目管理评估原理与实务》，对项目管理评价理论做了进一步的完善，系统梳理和研究了项目管理评价的基本原理、信息采集、主要方法，介绍了国内外项目管理评价的最新成果，以及有关项目管理评价的实践模型，是目前国内为数不多的专门研究项目管理评价的理论著作，对我国项目管理评价的理论和实践具有指导和借鉴意义。

还有一些专家学者在某些行业领域、某些类型的项目管理评价上进行了理论与实践相结合的探索，形成了专著，如《神舟飞船系统工程管理》《软科学研究项目评估》《科研项目管理评价》《航天科研生产管理评估》《水利水电建设项目管理与评估》等，对本行业项目管理的认识和水平的提升起到了一定的积极作用，对其他行业项目管理评价的开展也有一定的借鉴意义。

徐存东以水利水电建设项目为对象，按照水利水电工程的建设程序，系统地介绍了项目管理的基本概念和工程建设过程中各阶段的项目管理，以及水利水电项目的前评价和后评价。袁家军总结了神舟飞船项目研制管理经验，开发了神舟飞船项目管理成熟度模型，既是对神舟飞船系统工程管理的总结，又是对我国国防科技领域项目管理的重要贡献。唐炎钊等以软科学研究项目为对象，构建了一套包括前评价、中评价和后评价不同阶段，涵盖指标体系、评价方法、结果分析等较为完整内容的评价体系。白波以政府投入类应用性科研项目为研究对象，开发了项目管理评价模型。

3）组织级项目管理评价，即对组织级项目管理的评价，研究成果主要集中于项目管理成熟度的评价。同国外丰富的理论研究成果相比，我国项目管理成熟度的研究尚处于初始阶段，尚未开发出被较为认可的项目管理成熟度评价模型。在模型的应用上，主要是借鉴国外项目管理成熟度模型，并结合行业自身的实际特点，建立比较适合本行业的项目管理成熟度模型。主要应用的行业包括建筑、电力、航空、航天等。例如，西北工业大学国际项目管理研究院与中国空间技术研究院于2005年共同开发的神舟飞船项目管理成熟度模型（SZ-PMMM）中就包括了企业级组织项目管理成熟度模型（SZ-PMMM-O）。

国内有关项目管理成熟度、能力成熟度评价的模型相对较少，本节主要列举了CPEM模型及西北工业大学开发的SZ-PMMM模型。

① CPEM模型

中国项目管理评价起步较晚。2004年，中国项目管理研究委员会（PMRC）组织专家赴欧洲考察、学习，并着手引进国际卓越项目管理评价模型和国际项目管理大奖模型。

2006年，PMRC正式推出中国卓越项目管理模型（Chinese Project Excellence Model，CPEM）。CPEM是在国际卓越项目管理模型（PEM）的基础上，遵循“引进、消化、吸收、改进、创新”原则，借鉴国际项目质量管理标准（ISO10006）、欧洲质量奖评价模型（EFQM）、美国波多里奇国家质量奖模型（MBNQ）、日本戴明质量奖模型（DP）、中国质量奖模型和相关评价评奖模型及其活动实践，结合中国国情和中国项目管理实际情况创建的。

CPEM 具有兼容性、系统性、规范性、创新性等特点。共有 13 项评价标准、31 项子准则，共计 1200 分。模型主体为国际卓越项目管理模型内容，附加部分考虑了中国项目管理现阶段实际情况和中国国情，增加了资源节约与环境友好、项目创新管理活动内容。

CPEM 主体部分 1000 分，其中项目管理 500 分，项目结果 500 分。项目管理部分有 5 个标准，分别是：项目目标（140 分）、领导力（80 分）、人员（70 分）、资源（70 分）、过程（140 分）；项目结果部分有 4 个标准，分别是：客户结果（180 分）、人员结果（80 分）、利益相关方结果（60 分）、主要成就和项目结果（180 分）。CPEM 附加部分 200 分，其中项目管理部分 100 分，有 2 项准则，分别是资源节约与环境友好（60 分）、项目创新管理活动（40 分）；项目结果部分 100 分，有 2 项准则，分别是资源与环境成果（60 分）、项目管理创新成果（40）分。CPEM 模型如图 2-12 所示。

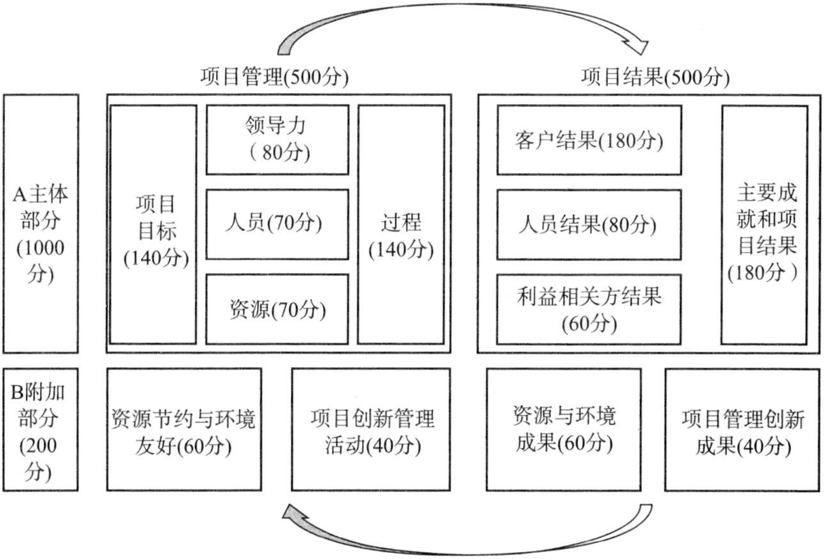

图 2-12　中国卓越项目管理模型

②中国质量奖模型

中国质量奖是中国在质量领域授予各类组织和个人的最高荣誉，分为中国质量奖和中国质量奖提名奖两个奖项，每两年评选一次。

中国质量奖的申报组织应当同时具备以下条件：

1）在中华人民共和国境内合法注册的法人或者其他组织，近5年内无重大质量、安全、环保等事故，无违法、违规、违纪行为；

2）在质量水平、创新能力、品牌影响力以及效益等方面取得突出成绩并达到国际领先水平；

3）质量管理制度、模式、方法实现创新并具有推广价值。

中国质量奖的申报个人应当同时具备以下条件：

1）对中国质量发展事业做出突出贡献；

2）恪守职业道德和社会规范，无违法、违规、违纪行为。

中国质量奖申报材料由申报表、自我评价报告和证实性材料三部分组成。自我评价报告依据《卓越绩效评价准则》（GB/T 19580—2012），主要围绕组织的领导、战略、顾客与市场、资源、过程管理、测量、分析与改进、结果等内容，从采用方法、工作展开和实施结果三个方面，用事实和数据说明实施卓越绩效的时间、过程、做法、成效和经验。卓越绩效评价准则基于：远见卓识的领导、战略导向、顾客驱动、社会责任、以人为本、合作共赢、重视过程与关注结果、学习、改进与创新、系统管理等基本理念，组织高层领导应运用这些理念引导组织追求卓越绩效。

中国质量奖充分借鉴了国内外卓越绩效管理的经验、做法以及质量奖评审的范式，结合了中国企业经营管理的实践，以《卓越绩效评价准则》作为质量奖的评价依据，引导组织追求卓越，帮助组织管理改进、提升和创新，增强战略执行力和竞争优势，不断提高产品、服务和发展质量，促进组织可持续发展，为组织的所有者、顾客、员工、供方、合作伙伴和社会创造价值，持续提高组织的整体绩效和管理能力，推动组织持续获得成功。

③ SZ-PMMM

SZ-PMMM（Shenzhou Project Management Maturity Model）是由西北工业大学国际项目管理研究院与中国空间技术研究院于2005年共同

开发的神舟飞船项目管理成熟度模型。

SZ-PMMM 由两个相对独立的项目管理成熟度模型组成，即企业级组织项目管理成熟度模型（SZ-PMMM-O）和项目级组织项目管理成熟度模型（SZ-PMMM-P）。如图 2-13 所示，其下半部分的楔形块代表 SZ-PMMM-O，上半部分外形为神舟飞船轮廓的圆柱体代表 SZ-PMMM-P。神舟飞船造型的圆柱体置于楔形块之上并通过向上和向下的箭头关联为一体，反映了企业级组织与项目级组织项目管理能力之间的关联特性：企业级组织项目管理能力奠定了项目级组织项目管理能力的基础，且企业级组织项目管理能力的动态提升将会对项目级组织项目管理能力产生直接的影响；同时项目级组织自身的项目管理能力也可能在实践中不断提升，相应地也可能促进企业级组织项目管理能力的提升。关注这两个层次组织项目管理能力的互动作用，尤其是在多项目的企业级组织中，可强化企业级组织项目管理能力的积累机制和持续改进的动力机制，从而加速企业级组织项目管理能力的成熟进程，最终均表现为具体的项目级组织项目管理能力的提升。

SZ-PMMM 采用图 2-14 所示的内部结构，该模型引入“关键领域”（Key Area，KA）的概念，KA 指为达到某一成熟度等级，项目管理组织应完成的一些关键活动或应该做到的关键方面，KA 可进一步细分为“关键过程域”（Key Process Area，KPA）和“关键子域”（Key Sub Area，KSA）。项目管理能力评价事项可转换为“每一成熟度等级必须在哪一些关键领域达到何种程度的要求（目标）”，每个成熟度等级都由几个关键过程域（KPA）和关键子域（KSA）组成，这些 KPA 和 KSA 要求达到一组“目标”，当这些 KPA 和 KSA 全部达到设定的“目标”时，其项目管理能力就达到了相应的成熟度等级。因此，SZ-PMMM 模型定义的关键就在于“能力等级”和“关键领域”的定义。关于 SZ-PMMM 的详细定义，须将 KA 进一步细化为“关键过程域”（KPA）和“关键子域”（KSA），基于所定义的“能力等级”由低到高分级定义每一能力等级必须包括的 KPA 和 KSA 及其必须达到的目标。由于分级定义，较低一级项目管理能力为较高一级奠定基础，因此较高等级只需定义在较低等级基础上增加的关键过程域或关键子域。

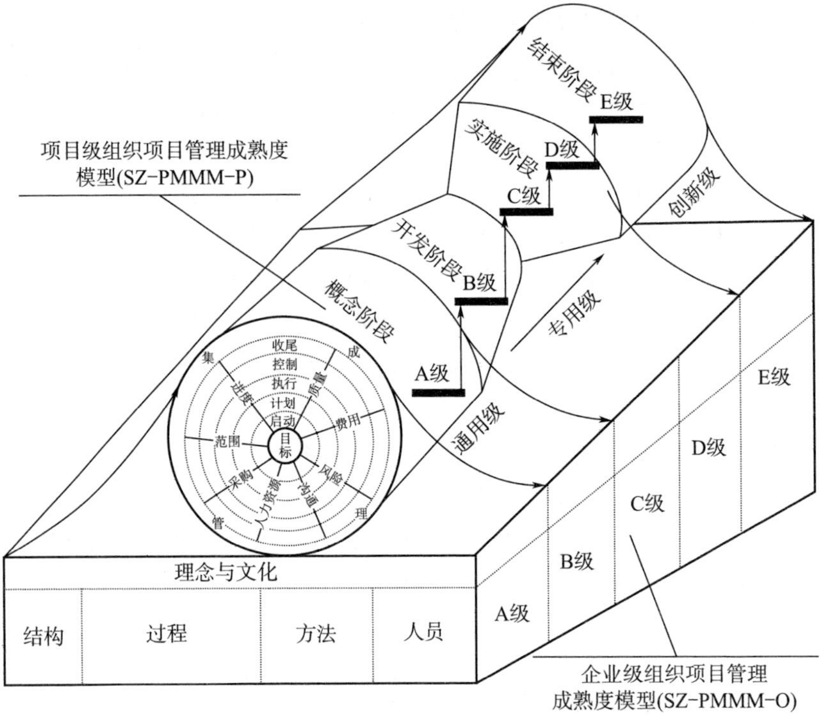

图 2-13 神舟项目管理成熟度模型（SZ-PMMM）

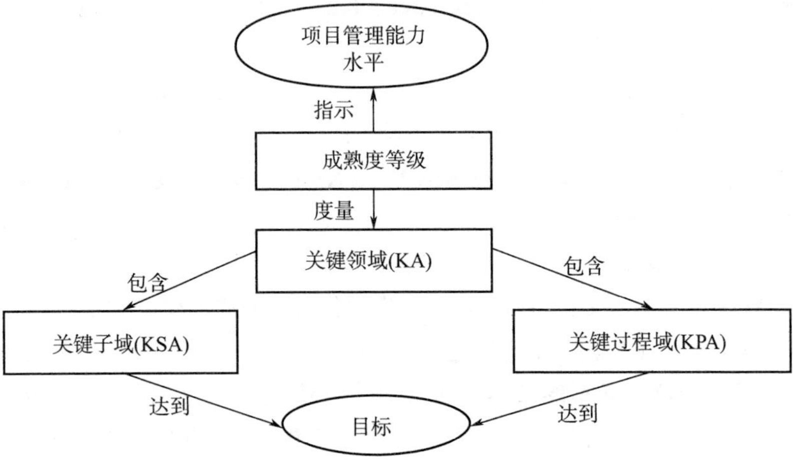

图 2-14 SZ-PMMM 的基本结构

SZ-PMMM-P 定义了表 2-2 所示的五个项目管理能力等级。

表 2-2　SZ-PMMM-P 项目级组织项目管理能力等级及其特征一览表

等级	名称	描述	典型特征
A	初始级	因人而异的个性化管理	· 无统一的规范和要求
B	系统策划级	有意识地管理，管理有计划	· 全面的管理规划，有《项目管理计划》 · 全面的计划管理 · 全生命周期的动态策划 · 任务明确、责任落实、措施有保障
C	整体规范级	全面的规范化管理	· 强调体系的完整性 · 职责定义规范化 · 管理过程规范化 · 方法工具规范化 · 文档规范化，有《项目管理手册》
D	量化控制级	精细化管理，可量化、可追溯、可预算、可控制	· 决策有依据（时间、费用、资源等估计有依据） · 经验有积累（成功的经验与失败的教训） · 应变有预案（风险管理） · 检查有标准（质量标准、工作标准） · 控制有措施（政策、策略与方法） · 有项目管理信息系统及项目管理知识库支持
E	持续改进级	动态优化的管理	· 项目管理改进工作制度化 · 关注变化、动态的项目管理评价与改进 · 关注项目独特性、原则性管理要求与最佳实践相结合，提倡创新，有《项目管理指南》

SZ-PMMM-P 所定义的关键领域见表 2-3。

表 2-3 SZ-PMMM-P 项目级组织项目管理成熟度关键领域及目标

关键领域（KA）	目标
项目团队	包括“项目团队文化”和“项目管理人”两个要素（KSA）。项目团队文化反映了管理成熟度“软”的方面，项目要求倡导团队文化，现代项目管理核心理念、价值观与行为准则；项目管理人反映项目管理成熟度“人”的能力方面，须符合专业资质要求
集成管理	有集成的理念及规范的集成管理过程和方法
要素管理	有技术管理、进度管理、质量管理、经费管理、人员管理、物资保障管理、沟通与信息管理、可靠性安全性管理、风险管理、软件工程管理等全要素管理规划与管理规范
管理过程	启动过程、计划过程、执行过程、控制过程、收尾过程的定义与规范

SZ-PMMM-O 参考了国际上主流的基于组织的项目管理成熟度模型的能力等级定义，定义为五级，见表 2-4。

表 2-4 SZ-PMMM-O 企业级组织项目管理成熟度等级特征一览表

等级	名称	描述	典型特征
A	摸索级	不统一的管理	· 过程不正规，个别过程混乱，不可预测
B	规范级	标准化的管理	· 项目管理受到重视 · 项目管理过程得到规范定义 · 以往成功的项目经验可重复
C	控制级	可控制的管理	· 具备一定的集成能力 · 项目管理过程在实施中得到遵循 · 各种管理要素可控制
D	集成级	集成化的管理	· 项目管理各要素全面集成在一起 · 项目管理过程得到量化与控制
E	优化级	持续改进的管理	· 定期评审、改进项目管理过程

为了满足企业级组织内多项目管理的需要，反映出企业级组织内各个项目级组织项目管理能力的差异性，强化项目级组织项目管理能力提升对企业级组织项目管理能力提升的互动作用，在 SZ-PMMM-O 企业级组织项目管理能力等级定义的基础上，增加了面向企业级组织中项目级组织项目管理能力的 3 个附加等级的定义，详见表 2-5。面向项目级组织的附加能力等级，只是在企业级组织项目管理能力评价的基础上对其内部各项目级组织能力进行差异性评价时使用，并不对每个项目级组织进行基于 SZ-PMMM-P 的全面评价。在这种情况下，项目级组织项目管理成熟度等级用表 2-6 所示的附加形式表述。企业级组织与项目级组织项目管理能力互动机制如图 2-15 所示。

表 2-5　SZ-PMMM-P 项目级组织项目管理成熟度附加等级特征一览表

等级	等级名称	特征
0	通用级	沿用项目依托组织的项目管理模式与规范，无明显差异
1	专用级	在组织项目管理模式与规范体系下，针对本项目的独特性形成具体化的管理模式，无原则性差异
2	创新级	针对项目的特点及其动态性，在实践中不断优化，开展项目管理过程与方法创新，推动组织项目管理能力的持续改进

表 2-6　SZ-PMMM-P 项目级组织项目管理成熟度等级附加形式

等级	A 级	B 级	C 级	D 级	E 级
0	摸索级	规范通用级	控制通用级	集成通用级	优化通用级
1	摸索专用级	规范专用级	控制专用级	集成专用级	优化专用级
2	摸索创新级	规范创新级	控制创新级	集成创新级	优化创新级

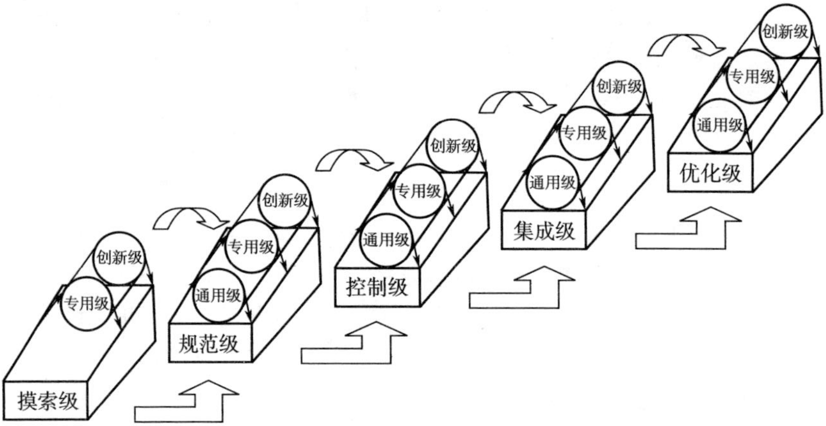

图 2-15　SZ-PMMM-O 企业级组织与项目级组织项目管理能力提升互动机制示意图

2.3　存在的问题、局限、困惑

2.3.1　国外存在的问题、局限、困惑

对项目评价的理论研究有很多，一些观点和模型虽具有一定的参鉴性，但由于缺乏对指标体系的详细研究，对于具体领域实践应用的指导性有限。具体而言，存在如下问题：

1）专业性强，影响实践应用范围。现有的项目评价理论与方法所涉及的要素层级、维度、内容都比较复杂，例如 PMI 的 OPM3 模型涉及 3 个维度，第一维是成熟度的 4 个梯级，第二维是项目管理的 9 个领域和 5 个基本过程，第三维是组织项目管理的 3 个版图层次；OGC 的 P3M3 模型包含 3 个独立子模型、7 个评价维度、5 个成熟度级别；用于评价项目绩效的平衡记分卡方法将项目的目标分解为财务、客户、流程组织、创新 4 个方面，并将分解的具体指标落实到具体的部门和个人。这种项目评价理论与方法本身的复杂性，导致了其应用过程专业性非常高，影响了实践应用的广度和深度。

2）不同方法产生结果的差异性，影响实践应用效果。围绕项目经济性评价、项目后评价、项目风险评价等方面，可采用的方法较多，包括模糊综合评价法、灰色系统决策法、层次分析法等，在方法应用过程中，往往会出现评价结果的不一致性，由此导致实践应用上的局限和困惑。

3）定性因素的量化问题。定性因素的量化一直是评价领域的难题之一，项目评价方面也同样如此。项目评价理论与方法涉及的因素种类繁多，有定性的，也有定量的，在理论与方法实践应用过程中，必然面临和需要解决定性因素的量化问题。由于国情与文化差异、行业及企业类型差异等，导致了定性因素在量化过程中的标准难定、量值难选的问题，由此增大了各种评价理论与方法的实践应用难度。

2.3.2　国内存在的问题、局限、困惑

1）缺少系统、完备、普适性的项目评价模型，以及规范、简便、有效的评价方法，现有的评价模型对实际应用的指导性有限。

2）有些领域对项目全生命周期评价的重视程度不够，重视项目前评价，而忽视项目跟踪评价和项目后评价，缺乏对项目评价的顶层设计以及配套的政策制度机制，造成项目评价的应用和推广难以深入。

3）目前有些领域的项目评价模型借鉴的多，原创性的能够结合行业需求和实际需要开发的模型还不够，甚至流于形式，适宜性、充分性、有效性不够，不能真正满足实际评价需要。

2.4　发展趋势

2.4.1　理论发展趋势

对项目成功的研究及项目成功评价指标体系的研究在增加，此类研究将会与一些行业需求相结合，成为未来的研究热点，并将成为政府、顾客、用户、投资者等的关注点，例如，近年来，对 PPP 项目的成功标准和成功评价指标体系的研究和关注在加大。

基于数据分析的定量化评价将是未来发展的必然。任何领域，发展

的路径必然是从定性走向量化，量化的精细化管理也是管理发展的必然阶段。包括数据挖掘、大数据技术、智能决策等在内的数据分析技术必然会成为项目绩效评价的不可或缺的技术、方法。

2.4.2 实践发展趋势

随着项目开发和项目管理实际需要，项目评价将会越来越受到重视。各行业将随着实际需要而逐步开发覆盖全生命周期的项目评价模型。所开发的项目评价模型也将更加具有系统性、科学性，并满足不同评价目的的需要。各行业项目评价模型和方法的不断完善，将会促进我国各行业项目管理水平的逐步提升，真正为我国各行业项目高质量发展提供支撑。

第 3 章　航天项目评价体系

3.1　航天项目评价总体概况

3.1.1　美国航天项目评价概况

（1）美军武器装备项目评价

美军对武器装备项目的绩效评价形成了较为完整的评价体系。美军开展武器装备项目绩效评价的机构包括三个：隶属于国会的政府问责办公室（Government Accountability Office，GAO）、隶属于国防部的绩效评价与根本原因分析办公室（Office of Performance Assessments and Root Cause Analysis，PARCA）以及相关智库。

GAO 是美国国会的下属机构，有权对接受联邦政府资助的项目和机构开展调查、监督和问责。GAO 将项目评价指标分为项目成本、进度和性能。通过成本和进度指标与基准数据的对比了解当前项目绩效，通过性能指标（包括技术成熟度、设计成熟度和生产成熟度 3 个子指标）反映技术开发、系统设计和生产部署阶段的风险水平和未来项目的绩效。评价数据来源于可获取到的报告以及通过访谈和调查问卷等方式从项目办公室等获得的一手资料。

PARCA 成立于 2009 年，是美国国防部在全球金融危机、美国国防预算逐年削减、强化重大装备采办精细化管理的大背景下设立的一个用以“自查自检”的机构，其目的是通过对武器装备采办绩效进行评价，发现采办过程中导致绩效不佳的因素，从而针对性地采取相关措施，提升武器装备采办效益。PARCA 对于项目绩效的评价仍然是围绕成本、进度和性能开展的，通过这些数据的组合对项目综合绩效、开发绩效、生产绩效和技术性能开展评价。评价的最大特点是充分利用和挖掘了成本、进度和性能数据，数据的利用不再局限在一个项目内，而是利用关联的数据。例如，某年某项目的成本增长数据，可以通过年份与该项目历年的数据进行关联，也可通过军队部门与该部门其他项目的成本增长数据关联，还可通过承包商与该承包商其他项目的成本数据关联，甚至可以通过历史时期与该历史时期其他项目的成本数据关联。通过利用关联的数据，借助于统计分析的方法，实现成本上涨、进度拖延等的项目绩效的评价以及关联因素和根本原因的分析和挖掘。

智库评价一般都是在接受委托的情况下开展的独立评价，或与国会、国防部及军种的联合评价，每次评价的背景和定位都有差异，但更多地侧重于较深入的原因分析。以兰德公司的项目进度绩效评价为例，主要侧重于对进度延迟影响因素的分析。由于真实进度 = 计划进度 + 计划进度偏离量，因此，评价的一级指标分为计划进度指标和计划进度偏离量指标以及混合型指标（即对两个量都会产生影响的指标），二级指标主要是对一级指标影响因素的分解。在此基础上进一步分析了这些影响因素对进度影响的大小，最终得出分析结论。

美军在项目绩效评价方面探索多年，有其自身的特点，但仍存在诸多不足：

1）政策制度不完善。美军 GAO、PARCA 和智库在不同层面都开展了项目绩效评价工作，但是 3 种机构都缺乏相应的制度来约束和规范其评价工作。美国国会、国防部和军种等部门需要出台一系列与评价有关的政策制度，规范不同层次、不同机构的评价工作，加强对评价机构的管理。

2）评价视角较为单一。3 个机构的项目评价主要集中在成本、进度和性能指标上，主要原因可能是成本、进度和性能指标数据较为容易获取和积累，但以数据为导向构建指标，使得评价的全面性丧失，评价视角过于单一，例如项目管理过程等其他方面的绩效未开展深入有效的评价。

3）缺乏项目绩效评价的集中统管机制。美军武器装备项目绩效评价工作由不同机构开展，分散评价，有利于各个机构开展评价工作的自主性和灵活性，有利于客观、公正地评价，但缺乏有效的集中统管机制，无法将不同机构的评价工作放在一个框架下统一管理，也就缺乏评价数据、结果的共享，可能造成重复工作，不利于推动评价工作的成果转化运用。

（2）NASA 重大航天项目的评价

从民用航天来看，GAO 自 2009 年起每年都会对 NASA 重大项目开展评价。GAO 将 NASA 重大项目定义为“生命周期成本超过 2.5 亿美元的项目”，包括有效载荷、地面系统、飞机和航天飞行器、运载火箭，以及系统集成和测试、科技等项目。GAO 对 NASA 重大项目的过程评价主要按照生命周期阶段进行，对于每个阶段分别制定评价流程、评价标准和评价方法，在每个项目的关键决策点进行技术评审。

GAO 对 NASA 重大项目结束后的评价，主要通过收集各项目的技术状态报告、采访 NASA 高级官员等方式开展，从成本、进度、技术成熟度和设计稳定性等方面，对项目开展全面系统的评价。

3.1.2　欧空局航天项目评价概况

欧空局（European Space Agency，ESA）建立了空间项目评价机制。在项目前评价阶段，首先欧空局在欧洲各国广泛征集研究项目建议，然后由欧空局科学计划委员会进行评审决策。欧空局科学计划委员会依据计划遴选程序，对空间计划的可行性进行评审。空间计划的可行性评审标准主要包括科学价值、创新性、技术成熟度和估计成本。

在项目执行阶段，欧空局对项目管理体系制定了欧洲空间标准化合作组织（ECSS）标准，包括管理、工程和产品保证三个部分。ECSS-M 管理标准规定应用于生命周期内全面项目活动的过程要求。这些标准包括项目分解结构（如产品树、工作分解结构）、项目组织、成本和进度管理、技术状态管理、文件管理和综合后勤保障诸方面。ECMM-Q 空间产品保证标准规定了在空间项目期间产品保证活动的管理和实施方面的要求，包括质量保证、可信性、安全性、机电元器件控制、材料、机械零件及工艺控制、软件产品保证等。ECSS-E 工程标准是用于产品本身的，包括应用于空间体系及其要素或功能的工程过程，用于完成空间任务或同空间任务有关的零件、组件、设备、分系统和系统的技术标准。在项目的内部，顾客与各级供方之间通过业务协议进行约束。在项目执行期间，供方应按计划进行合同评审，特别应结合合同变更或修订，目的是使供方能够检查其具有满足合同要求的能力。

3.1.3 中国航天项目评价概况

（1）项目主体视角的航天项目评价

航天项目主体及其主要相关方包括国家装备主管部门（军委装备发展部）、国家行业主管部门（国家国防科技工业局）、国家国有资产管理部门（国资委）、用户（军队用户、政府用户及其他顾客）、航天项目实施主体的上级组织（如中国航天科技集团有限公司、中国航天科工集团有限公司等）、航天项目实施主体［项目总承包单位（总体研究院等）、项目总体组织（总体部、总体单位等）］等。

当前，国家装备主管部门采取总部管总模式，宏观管理装备采办和建设，负责装备项目采办立项、工程研制监管、项目关键点监控、鉴定、定型、订货等综合管理。每一年度应国家国有资产管理部门要求，为配合国有资产监督管理委员会完成中央企业负责人经营业绩考核，制定了《军工集团公司军品任务评价指标体系及评价办法》，提供军工集团装备项目任务完成情况综合考核结果；评价办法中，评价主体为国资委，评价客体（对象）为军工集团。评价项目包括预研、研制、订购、维修等不同任务的重点项目，既不是全部项目逐一考核，也不是每一项目全要素考核。评价时间为年度考核，不是全生命周期、过程、阶段考核。评价依据和准则不是项目全部要素，主要侧重任务（计划、合同等）完成程度评价和关注指标（任务规模、经费超预算、部分质量要素、项目审计、科技成果、知识产权等）综合评价，不是对装备项目全生命周期、全过程、全要素的完整评价，也没有对装备项目成功与否实施评价。国家行业主管部门负责国防科技工业行业综合管理，负责国防基础科研、技术基础、装备条件保障建设、重要装备项目“两总”任命、重要装备项目监控、装备项目科技成果管理等，不对装备项目全生命周期客观评价，对负责任命的型号项目“两总”没有完整的项目履职评价及项目成功与否评价，国家科技成果评定时缺少项目 / 产品成功与否的客观评价与成果评定的直接挂钩。国家国有资产管理部门，负责军工央企资产保值增值考核，在国防装备项目任务考核上，只是被动采纳国家装备主管部门意见。用户（顾客）负责装备采办和建设及装备项目管理，目前主要采用合同制（国家指令指导下的）模式管控项目，但没有一套完备（系统、完整、充分）、科学的装备项目全生命周期评价模式、评价体系、评价模型、评价办法，也没有对装备项目全生命周期的客观评价，无论是在理论上、政策上、制度上，还是在办法上、机制上、考评上，项目评价体系建设仍处于初始探索和研究阶段。近年来，装备建设相关方对装备项目评价工作开始重视，主要是以考核为手段开展项目评价，如国家装备主管部门于 2017 年颁发文件指导各个军工企业对军品任务完成情况开展评价考核，其中涉及对单个项目的评价和对军工集团的组织级评价，对单个科研类项目的评价主要还是项目管理结果的评价。自 2016 年起国家装备主管部门对单个装备合同履行绩效评价和承制单位信用等级评价在各军兵种进行试点。

航天项目实施主体的上级组织目前对航天项目采取总部行政管理模式，多以责任令、节点里程碑计划等管控项目。航天项目实施主体对航天项目采取以下几种管理模式：第一种是行政管理模式，以责任令（责任书）、节点计划、调度会等管控项目；第二种是合同制管控模式，但合同执行得不够严谨、严格、严肃；第三种是契约模式，即协议、纪要、计划、调度会等相结合的管理模式；第四种是以上三种全部或部分组合的管理模式；还有一种是项目基线（功能基线、任务基线、产品基线、任务书、计划书等）加计划模式（多被总体部、总体单位等运用）。但是无论哪种模式，目前都不是真正意义上的全生命周期项目评价，不仅项目承担单位本身缺乏完备的项目评价，而且项目承担单位的上级（包括行政上级、技术上级等）对项目承担单位也没有完备的项目评价，项目承担单位对供方（分包单位、外协单位等）也没有完备的项目评价。同时在项目评价上，缺乏航天项目实施主体与其主要相关方之间的互动，尚未形成充分交流、模式认同、方法共建、机制共商、项目共治、成果共享的生态，某种意义上，这无疑是航天项目不达预期、不完全成功的因素之一。

中国航天科技集团有限公司从2009年开始以“以评促建”为指导思想，以“优化管理流程、规范管理行为、提高管理效率”为总目标，全面推行航天科研生产管理评价工作，并在实践基础上形成了专著《航天科研生产管理评估》。中国航天科技集团应用“国际卓越项目管理模型”指导和总结“神舟6号载人飞船的研制和发射回收”，获得了当期的国际项目管理金奖。目前，中国航天科技集团已构建了一个全方位、全过程的项目管理评价系统。其科研生产管理评价模型包括对组织级管理的评价、对项目管理实践的评奖和对管理者的评价三个层次，如图3-1所示。

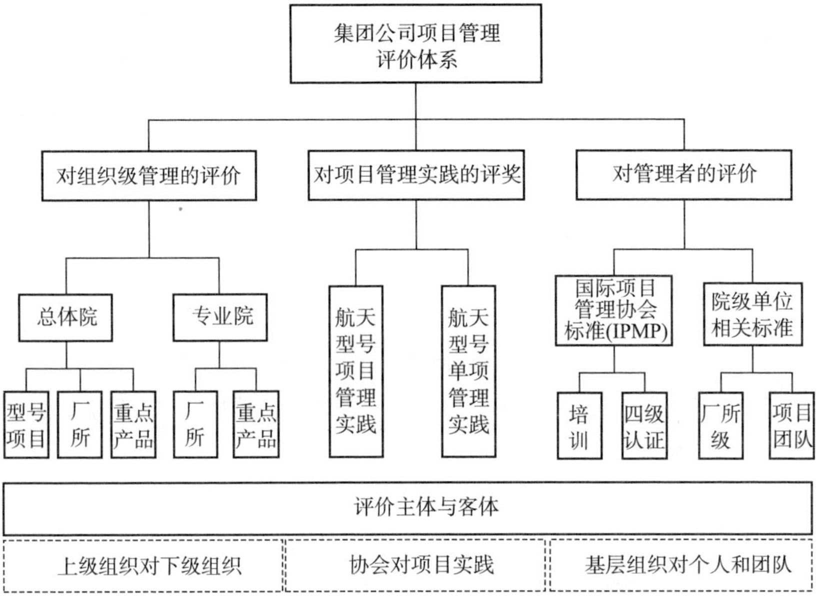

图3-1　中国航天科技集团有限公司项目管理评价体系

如图3-2所示，项目级管理模型的指标体系构建有过程和结果两个维度：过程维度主要从项目管理的九个要素构建一级指标，并进一步细分构建了二级指标；结果维度主要从项目任务成功情况、范围管理结果、进度管理结果、经费管理结果和产品保证结果构建指标。指标体系的构建对航天项目评价具有一定的借鉴意义。

中国航天科工集团有限公司符志民及其带领的团队对项目管理、项目风险管理等领域给予充分关注并持续深化研究，在航天型号项目实践、应用中，形成了《航天项目风险管理》《项目管理理论与实践》等著作和成果，并完成了企业风险管理成熟度评价、航天项目管理成熟度、航天质量管理成熟度、中国上市公司风险管理成熟度等研究，积极推动项目管理在航天领域的应用、实践。在航天项目评价方面，通过实证研究、规范研究，开展了航天项目评价的理论探索、模式研究和方法导入，引导和规范航天项目运用，为提升航天项目管理水平与治理能力、提高航天项目成功率提供了有力支撑。

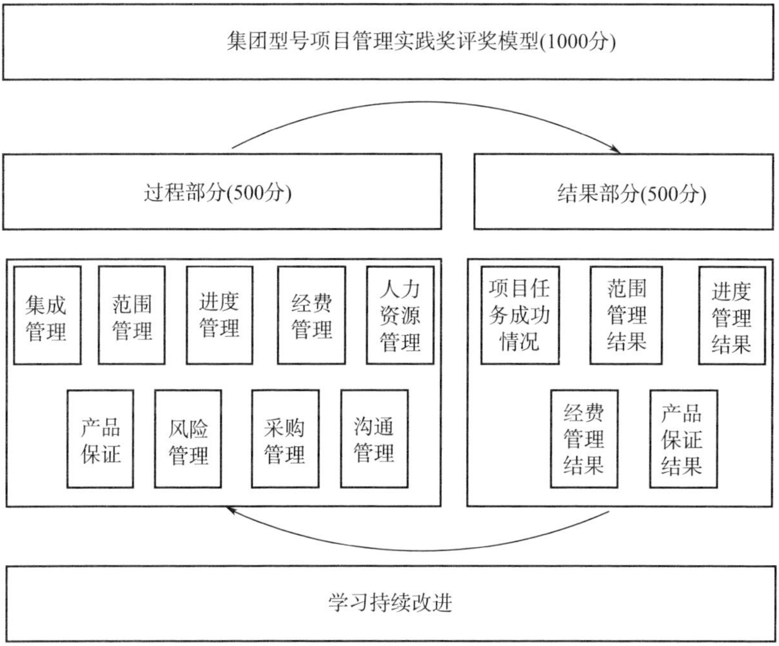

图 3-2　中国航天科技集团有限公司项目管理实践奖评奖模型

（2）项目全生命周期视角的航天项目评价

从评价的时机来看，目前的航天项目评价覆盖全生命周期，包括项目前评价、中评价和后评价。我国航天装备项目实施按阶段管理，项目生命周期分为六个阶段，包括论证阶段、方案阶段、工程研制阶段、定型阶段（状态鉴定、列装定型）、使用和维修保障阶段、退役阶段。项目每一个阶段结束以后，都要经过严格的项目阶段评审，只有评审通过，才能进入下一个实施阶段。项目前评价是指项目论证的立项评审，主要是对项目立项的可行性进行审查；项目中评价是指项目各阶段结束时的阶段评审，主要是对项目在该阶段的主要性能指标实现情况和任务完成情况进行审查，对项目范围、项目管理和项目绩效没有充分审查；在项目研制任务完成、定型阶段结束时，对型号项目进行验收、总结，但不是完备的、真正意义上的型号项目全生命周期的结果评价、过程管理评价和项目成功与否评价。由此可见，项目前评价和中评价主要侧重于项目技术上的评价，而项目后评价主要侧重于项目结果的总体评价，都忽视了项目管理的过程评价，也缺乏项目结果的客观评价，对型号项目是否成功没有大家认可的标准和结论，更缺乏型号项目相关方之间的充分交流、认同、共治、共享。

3.2 航天项目评价模型

3.2.1 航天项目评价架构

（1）评价主体

航天项目评价主体主要包括：国家装备主管部门、航天行业主管部门、用户（顾客）、航天项目实施主体的上级组织（如中国航天科技集团有限公司、中国航天科工集团有限公司等）、航天项目实施主体［项目总承包单位（总体研究院等）、项目总体组织（总体部、总体单位等）］等。

（2）评价客体

按照不同的标准，航天项目评价客体可划分为不同的类型。按照项目类属及其相关度划分，评价客体分为项目、项目集和项目组合。项目是为创造独特的产品、服务或成果而进行的临时性工作，是指在特定要求和约束下为了实现既定的可交付成果而开展的独特性、临时性、多学科、有组织的任务。项目集是一组相互关联且被协调管理的项目、子项目集和项目集活动，以便获得分别管理所无法获得的效益，是为实现某一特定战略目标的一组有内在联系且在管理上具有相似性的项目的集合，通过一个临时性组织的协调管理，以实施集成控制和实现项目集的整体效益。项目组合是为实现战略目标而组合在一起管理的项目、项目集、子项目组合和运营工作的集合，是指为了优化利用组织资源、降低运行风险、实现组织战略目标而集合在一起的一组不一定有内在联系的项目和 / 或项目集，还可以包括相关的运作。航天型号项目（本书亦称航天型号、航天项目）都具有普通项目的特征和属性，一般都是大型项目［项目书籍及项目理论上称为大型计划（Programme），航天通常称为重大（重点）型号、重大工程、科技专项（工程）、重大任务等］，一般由若干个子项目组成，项目彼此之间具有相关性、依赖性、协同性，具有共同的目标，可以称作项目集。

按照管理对象类型划分，项目评价客体分为航天飞行器项目、火箭项目、导弹项目等。

按照项目顾客类型划分，项目评价客体分为军队装备项目、政府装备项目、军贸项目等。

（3）评价时间

依据项目生命周期阶段，项目评价时间可在项目启动阶段、规划阶段、实施阶段、结束阶段每一阶段结束时进行项目评价，也可在项目管理过程组的启动过程、规划过程、执行过程、监控过程、收尾过程每一个过程组结束时进行项目评价；航天项目可选在项目立项论证阶段、方案阶段、工程研制阶段、定型阶段等阶段结束时进行项目评价。依据项目管理过程和项目实施总的进程，项目评价时间可在航天项目立项前、实施中、结束后三个节点实施，也称为项目前评价、中评价、后评价。根据航天项目管理需求，可在项目实施的任意时间点进行评价，一般选在重大里程碑节点，或出现重大问题、发生重大事件时进行评价；结合中国实际，也可在每一年度结束时进行项目评价。

（4）评价内容

航天项目依据各类规章、规范和基准，实施项目评价。评价的主要依据是项目章程和项目规章制度、项目合同、项目范围说明书、项目工作分解、项目可交付成果、项目范围基准、项目进度基准、项目费用基准、项目绩效测量基准、项目管理计划等。

航天项目评价有多种分类方法，按项目管理对象分类，可对航天项目管理十个领域中任一管理领域进行评价，考虑航天特色，应加上航天技术管理、航天文化管理等；按项目关注结果分类，可分为项目范围（范围符合度）、技术结果（技术符合度）、质量结果（质量符合度）、时间结果（时间符合度）、费用结果（费用符合度）、项目相关方满意度等评价，考虑航天特点，应加上项目人才成长评价、项目价值创造、项目文化表征等内容；按项目成功、失败分类，可对航天项目成功与否进行评价。

在航天项目实施的不同阶段和不同实施时间，航天项目评价的内容各有侧重。航天项目前评价主要是评价项目的可行性，为立项决策提供依据；航天项目中评价，主要是在项目立项以后，对项目实施全过程进行评价，主要评价项目阶段目标实现情况、项目范围完成情况、项目管理实施情况、项目阶段结果符合性等，发现偏离，指出问题，实施风险预警，对问题进行诊断，提出控制措施，促进项目目标的最终实现和项目成功；航天项目后评价，主要是项目结束以后，对项目管理、项目结果、项目成功与否实施评价。

完备的航天项目评价包含项目管理评价、项目结果评价和项目成功与否评价。根据评价主体需要，对不同的评价客体，不同的项目，选择相应的评价内容进行评价，项目结束时，应有要素齐全、完备的航天项目评价。

3.2.2 航天项目评价指标体系

本书以航天项目实施主体单位为评价主体，以航天型号研制项目为评价客体，项目评价包括项目论证阶段、方案阶段、工程研制阶段、状态鉴定阶段、列装定型阶段等，适用于航天型号项目中评价和项目后评价。目前，在航天项目实施主体单位中，一般有多个型号项目，它们会有共同或相似的资源需求及其他共性特征，往往会被航天项目实施单位组合到一起进行管理，可以称作“项目组合（Portofolio）”管理。项目组合由若干项目、项目集群和 / 或大型计划、子项目组合、日常运作等组成，本书暂不论述航天项目研制单位对项目组合和组织级项目等的评价。其实，组织级项目、项目组合中对单一项目的评价规则是一样的，对项目组合及组织级项目的评价需加上项目资源配置与优化、项目共性特征考量、组织战略目标与项目目标协调、项目优先级权衡、组织与项目文化融合等规则约束。

（1）总体思路

以系统、科学、全面评价航天型号项目为目标，以适宜、充分、有效构建航天型号项目评价指标为宗旨，基于项目管理、评价等理论、原理和方法，循证、借鉴国内外项目评价模型及相关评价模型，充分考虑中国航天项目特点、特色和需求，构建航天型号项目评价指标体系。

以航天型号项目评价为总目标，把实现项目目标的项目过程管理、表征项目管理绩效的项目结果作为主要支撑，递阶分解项目管理过程、管理结果。

本评价项目过程管理在考虑规范的项目管理十大领域的基础上，增加了航天项目技术管理、航天项目文化管理；本评价结果表征除了项目范围、技术、质量、进度、费用等重要结果特征外，增加了航天人才成长、项目相关方满意度、价值创造、文化表征等要素。过程管理分解到四级，结果表征分解到三级，把管理范围和结果范围分解到了较低、好管控的可阐释单元。

如图 3-3 所示，航天型号项目评价指标体系设置了 1 个项目评价总目标，2 个一级评价指标，12 个二级项目管理过程指标、9 个二级项目管理结果指标，56 个三级项目管理过程指标、27 个三级项目管理结果指标，160 个四级项目管理过程指标。

航天型号项目评价指标体系构建及其指标的选择，采取文献研究、专家调研、问卷调查、实践追溯、逻辑演绎等实证研究、规范研究方法。应选择具有丰富项目管理理论水平、项目管理履历方面的专家，专家可来自学术界、政府、项目实施单位、项目顾客 / 用户、项目相关方等。

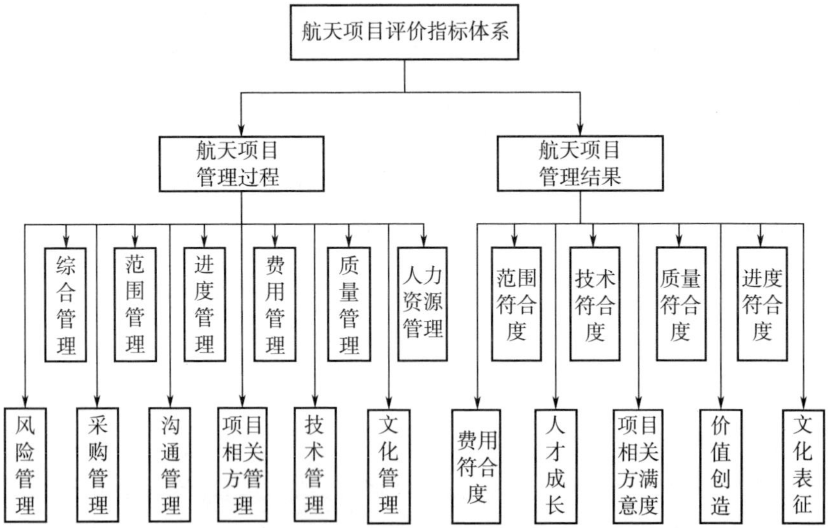

图 3-3　航天型号项目评价指标体系

需要说明的是，本书所阐述的航天项目评价理念、理论、方法，汲取了国内外先进项目管理、项目评价理论和实践的成果，继承了航天型号项目管理实践和航天系统工程实践的成果与经验，但不是现有航天型号项目实践的简单总结、方法应用和经验归集。本书扬弃了航天项目管理、航天项目评价在充分性、适宜性、时效性等方面的问题，弥补了航天项目管理、航天项目评价与先进项目管理、项目评价在理论、方法上的不足和差距，是在国内外项目管理、项目评价和航天项目管理、航天项目评价基础上的提升和创新。

（2）构建原则

1）评价体系构建遵循系统性、规范性、科学性、先进性、前瞻性、可用性的原则。

2）评价指标层级、数量设置遵循“精炼、要素同一、内涵唯一”原则，每层评价指标要相对独立，相互耦合性、关联度低；三级及以下层级指标原则上每层级 4 ~ 7 个要素，最多不超过 10 个。

3）评价指标以定量为主、定性为辅，力求规范、准确、客观。

4）评价指标设置注重可操作性。指标设置要考虑数据收集的可行性和便捷性。各评价指标获取能将责任落实到单位、部门、岗位；各评价指标设置对做与不做（数量）、做得是否符合要求（质量）、做得是否及时（时效性）都要有评价。

（3）评价指标

航天项目评价指标见表 3-1。

表 3-1　航天项目评价指标

一级指标	二级指标	三级指标	四级指标
1. 项目管理过程维度	1.1 综合管理	1.1.1 制定型号综合管理规章制度	（1）型号章程
			（2）型号合同管理制度
			（3）型号项目管理计划制度
			（4）型号报告制度
		1.1.2 编制项目范围说明	（1）项目初步范围说明书
		1.1.3 制定项目管理计划	（1）项目管理计划
		1.1.4 型号产品实现策划（策划结果：策划方案、子管理制度、子管理计划）	（1）产品实现总策划
			（2）技术策划
			（3）进度策划
			（4）质量策划
			（5）费用策划
			（6）人力资源策划
			（7）风险管理策划
			（8）沟通管理策划
			（9）任务分工策划
			（10）知识产权策划
			（11）安全保密策划
			（12）信息化策划
			（13）研制保障条件策划
		1.1.5 型号实施监控［项目范围核实、项目偏离监控（报告、纠偏）］	（1）型号范围变化核实
			（2）型号偏离管控
			（3）纠正 / 预防措施实施
			（4）型号范围更新
			（5）型号策划更新
			（6）项目管理计划更新

续表

一级指标	二级指标	三级指标	四级指标
1.项目管理过程维度	1.1 综合管理	1.1.6 型号收尾	（1）行政收尾
			（2）合同收尾
			（3）可交付成果验收
		1.1.7 安全管理	（1）项目实施过程、项目范围安全管控
			（2）项目可交付成果、产品范围安全管控
		1.1.8 保密管理	（1）项目实施过程、项目范围保密管控
			（2）项目可交付成果、产品范围保密管控
	1.2 范围管理	1.2.1 范围管理策划	（1）范围管理计划
		1.2.2 需求管理	（1）需求确定
			（2）要求评审
			（3）要求更改确认
			（4）需求管理计划
		1.2.3 定义范围	（1）项目范围说明书
		1.2.4 创建工作分解结构（WBS）	（1）型号工作分解
			（2）确定可交付成果
		1.2.5 范围核实	（1）验收可交付成果
			（2）变更请求
		1.2.6 范围变更控制	（1）变更事项确认（请求）
			（2）范围变化确认
			（3）更新工作分解结构（WBS）
			（4）更新可交付成果
			（5）项目管理计划更新

续表

一级指标	二级指标	三级指标	四级指标
1. 项目管理过程维度	1.3 进度管理	1.3.1 进度管理策划	（1）进度管理计划
		1.3.2 制定研制进度计划（研制总计划、阶段计划、年度计划、专项计划）	（1）定义项目活动
			（2）排列活动顺序
			（3）估算活动时间
			（4）制定进度计划
		1.3.3 估算活动资源	（1）活动资源配置需求
			（2）资源管理计划或将资源配置纳入进度计划
		1.3.4 进度控制	（1）监控项目状态
			（2）进度变更请求
			（3）进度变更控制
			（4）更新进度计划
	1.4 费用管理	1.4.1 费用管理策划	（1）费用管理计划
		1.4.2 估算费用	（1）研制经费概算
			（2）研制成本分配
		1.4.3 制定预算	（1）费用预算
			（2）项目资金需求
		1.4.4 控制费用	（1）绩效监控
			（2）数据分析
			（3）费用调控
	1.5 质量管理	1.5.1 质量策划	（1）制定质量工作规定
			（2）质量工作计划
			（3）质量基准
		1.5.2 质量保证	（1）通用质量特性保证
			（2）专用产品保证

续表

一级指标	二级指标	三级指标	四级指标
1. 项目管理过程维度	1.5 质量管理	1.5.3 质量控制	（1）产品设计和开发评审
			（2）关键过程控制，关键件重要件把关，关键特性核实
			（3）产品质量确认
		1.5.4 质量改进	（1）产品和服务故障报告分析和纠正措施系统（FRACAS）实施
			（2）问题技术归零和管理归零
			（3）产品质量审核
			（4）质量管理体系改进
	1.6 人力资源管理	1.6.1 人力资源策划	（1）制定型号队伍管理制度
			（2）队伍管理计划
		1.6.2 队伍组建	（1）队伍设置
			（2）人员选拔
			（3）队伍调整
		1.6.3 队伍建设	（1）队伍培训
			（2）队伍考核
			（3）队伍沟通
		1.6.4 队伍管理	（1）队伍评价
			（2）队伍激励
	1.7 风险管理	1.7.1 风险管理策划	（1）风险管理计划
		1.7.2 风险识别	（1）风险登记册
		1.7.3 风险分析	（1）定性风险分析
			（2）定量风险分析

续表

一级指标	二级指标	三级指标	四级指标
1. 项目管理过程维度	1.7 风险管理	1.7.4 风险评价	（1）定性风险评价
			（2）定量风险评价
		1.7.5 风险应对规划	（1）制定风险应对方案、策略
		1.7.6 风险应对	（1）应对计划和策略实施
		1.7.7 风险监控	（1）监督应对计划和策略实施
			（2）跟踪已识别风险
			（3）监测残余风险
			（4）识别分析新风险
			（5）评价风险管理有效性
			（6）风险报告
	1.8 采购管理	1.8.1 采购策划	（1）制定采购管理规定
			（2）采购管理计划
		1.8.2 供方管理	（1）供方选择
			（2）供方审核
			（3）供方评价
			（4）供方确定
		1.8.3 外购管理	（1）外购供方确认
			（2）签订合同（订单、协议）
			（3）外购产品 / 服务验收
		1.8.4 外协管理	（1）外协供方确认
			（2）签订合同
			（3）合同要求确定、评审
			（4）关键点控制
			（5）外协项目验收

续表

一级指标	二级指标	三级指标	四级指标
1. 项目管理过程维度	1.8 采购管理	1.8.5 外包（外购、外协）合同管理	（1）签订合同
			（2）制定合同管理计划
			（3）合同节点管控
			（4）合同收尾
	1.9 沟通管理	1.9.1 项目沟通管理策划	（1）沟通管理计划
		1.9.2 项目信息发布	（1）项目信息发布
			（2）项目信息管理
		1.9.3 项目绩效报告	（1）项目绩效报告
			（2）项目管理计划变更
	1.10 项目相关方管理	1.10.1 项目相关方识别	（1）项目相关方登记册
		1.10.2 规划项目相关方参与	（1）项目相关方需求、期望、影响分析
			（2）项目相关方参与计划
		1.10.3 项目相关方管理	（1）变更管理计划（变更请求）
			（2）沟通管理计划更新
			（3）需求管理计划更新
			（4）资源管理计划更新
			（5）项目相关方参与计划更新
			（6）项目管理计划更新
		1.10.4 监督项目相关方参与	（1）项目绩效报告
			（2）范围变更请求
			（3）项目管理计划更新

续表

一级指标	二级指标	三级指标	四级指标
1. 项目管理过程维度	1.11 技术管理	1.11.1 技术管理策划	（1）技术管理计划
		1.11.2 技术分解	（1）技术分解
			（2）技术分类
			（3）知识产权分解
			（4）科技成果分解
		1.11.3 技术状态管理	（1）技术状态管理计划
			（2）技术状态标识
			（3）技术状态控制
			（4）技术状态纪实
			（5）技术状态审核
		1.11.4 技术成熟度管理	（1）技术成熟度评价
			（2）技术成熟度确认
			（3）技术成熟度管控
	1.12 航天项目文化管理	1.12.1 航天项目文化认知度	（1）项目文化先进性
			（2）项目文化协同性
			（3）项目文化认同性
			（4）项目文化信奉度
		1.12.2 航天项目行为规范化	（1）项目团队行为规范性
			（2）项目团队行为正确性
			（3）项目团队行为持续性
		1.12.3 航天项目执行力	（1）项目领导作用发挥充分性
			（2）项目团队实施自觉性
			（3）项目团队协同性

续表

一级指标	二级指标	三级指标	四级指标
2. 项目管理结果维度	2.1 范围符合度	2.1.1 项目范围完成度	
		2.1.2 已完成范围合格度	
		2.1.3 已完成范围及时度	
	2.2 技术符合度	2.2.1 战术技术指标符合度	
		2.2.2 技术成熟度符合度	
	2.3 质量符合度	2.3.1 通用质量特性符合度	
		2.3.2 重大关键过程一次符合率	
		2.3.3 飞行试验成功率	
		2.3.4 质量问题比率	
		2.3.5 质量成本比率	
	2.4 进度符合度	2.4.1 进度偏差	
		2.4.2 进度绩效指数	
	2.5 费用符合度	2.5.1 费用偏差	
		2.5.2 费用绩效指数	
	2.6 人才成长	2.6.1 项目团队成员能力	
		2.6.2 高层次人才占比	
		2.6.3 人才晋升比例	
	2.7 项目相关方满意度	2.7.1 外部相关方满意度	
		2.7.2 内部相关方满意度	
	2.8 价值创造	2.8.1 核心技术拥有量	
		2.8.2 发明专利产出量	
		2.8.3 填补空白量	
		2.8.4 项目成果创造量	
		2.8.5 项目经济效益	
	2.9 文化表征	2.9.1 项目文化共享度	
		2.9.2 绩效保证的显著性	
		2.9.3 与组织文化的协同性	

第 4 章　航天项目管理

航天型号项目管理涉及项目管理全要素，包含项目管理全部知识领域，考虑航天项目特征和航天项目管理特色，本书增加了航天项目技术管理、航天项目文化管理内容。规范的、完整的、充分的项目管理是管好项目的前提、关键，正确地做项目、把项目做正确是对项目管理能力和水平的考量、挑战。项目管理过程组与项目管理知识领域见表 4-1。

表 4-1　项目管理过程组与项目管理知识领域

项目管理知识领域	项目管理过程组				
	启动过程组	规划过程组	执行过程组	监控过程组	收尾过程组
项目综合管理	制定项目章程和项目综合管理规章制度	编制项目范围说明 制定项目管理计划 项目产品实现策划	指导与管理项目	项目实施监控	项目收尾
项目范围管理		范围管理策划 需求管理 定义范围 创建工作分解结构		范围核实 范围变更控制	
项目时间管理		进度管理策划 制定进度计划 估算活动资源		进度控制	
项目费用管理		费用管理策划 估算费用 制定预算		控制费用	
项目质量管理		质量策划	质量保证	质量控制 质量改进	

续表

项目管理知识领域	项目管理过程组				
	启动过程组	规划过程组	执行过程组	监控过程组	收尾过程组
项目人力资源管理		人力资源策划	队伍组建 队伍建设	队伍管理	
项目沟通管理		沟通管理策划	项目信息发布		项目绩效报告
项目风险管理		风险管理策划 风险识别 风险分析 风险评价 风险应对规划	风险应对	风险监控	
项目采购管理		采购策划 供方管理	外协管理 外购管理	控制采购	外包合同管理 合同收尾
项目相关方管理	相关方识别	规划相关方参与	相关方管理	监督相关方参与	
项目技术管理		技术管理策划 技术分解	技术状态管理	技术成熟度管理	
项目文化管理		文化认知度	行为规范化 项目执行力		

4.1 综合管理

4.1.1 概念和内涵

项目综合管理包括对隶属于项目管理过程组的各种过程和项目管理活动进行识别、定义、组合、统一和协调的各个过程（《PMBOK® 指南》第 6 版）。在项目管理中，综合管理兼具统一、合并、沟通和一体化的性质，这些行动应该贯穿项目始终。项目综合管理有的也称为项目整体管理、整合管理、总体管理、一体化管理等。

航天项目综合管理的基本任务是按照项目章程和项目规章制度等要求实现项目目标，将项目管理过程组的各个过程有效形成整体。项目综合管理包括：制定项目章程、项目综合管理规章制度和项目实施标准、规范等，以规范、约束项目管理过程和项目；型号产品实现策划，为型号目标实现勾勒系统架构、制定框架方案、规划实现途径；分析和理解项目范围、产品范围，以对项目全部工作有完整的轮廓和准备；准备工作分解结构；编制项目管理计划以实现项目目标；项目资源分配，平衡竞争性需求、目标、方案；确保产品、服务或成果等可交付成果按时、保质交付；确保提供、准备、创造合适的知识并运用到项目中，并从项目中获取必要的知识；管理项目绩效、项目变更；研究各种备选方案、方法，做出影响项目的关键变更的综合决策；裁剪项目过程，协调、管理项目管理过程间的关系；测量、监视项目状态、过程和成果；报告项目信息、绩效，与项目相关方分享项目信息；分析项目风险，整合相关过程和活动；项目结尾，结束项目；管理可能需要的项目相互作用过程或阶段过渡。

项目生命周期是指项目从启动到收尾、从开始到结束所经历的一系列阶段，它为项目管理提供了一个基本框架。项目阶段是一组具有逻辑关系的项目活动的集合，通常以一个或多个可交付成果的完成为结束标志，项目阶段之间的关系可以是顺序、迭代或交叠进行的。项目生命周期内通常有一个或多个阶段与产品、服务或成果的研制、开发相关，这些阶段称为开发生命周期。开发生命周期可以是预测型、迭代型、增量型、适应型或混合型的研制、开发模式。项目生命周期是通过一系列项目管理过程实施的，每个项目管理过程通过合适的项目管理技术、方法和工具将一个或多个输入转化成一个或多个输出，输出可以是可交付成果或工作结果。航天型号项目管理过程由启动过程组、规划过程组、执行过程组、监控过程组、收尾过程组组成，项目过程根据需要有的仅开展一次，有的定期开展，有的持续开展，航天型号项目管理通过合理运用与整合按规则和逻辑分组的项目管理过程得以完成，涉及航天项目立项论证阶段、方案阶段、研制阶段、定型阶段等不同阶段或若干子阶段。不同航天型号项目根据项目特点可以划分不同阶段，要特别关注实施严谨、严格的阶段审查，评价项目绩效，落实纠正或预防措施，以更好地掌控项目管理。项目管理团队需确定项目最合适的生命周期，以适应研制阶段的需要，保证生命周期的足够灵活性，确定需要在各个阶段或在合适的阶段实施确定的一个或多个过程，或者调整项目阶段属性。需要关注的是，项目生命周期与产品生命周期的相互独立性，产品一般由项目产生。表 4-1 列出了项目管理过程组与项目管理知识领域。

事业环境因素是指项目团队不能控制的，将对项目产生影响、限制或指引作用的各种条件，条件可能来自组织内部或外部。事业环境因素是很多项目管理过程，尤其是大多数规划过程的输入，可能会提高或限制项目管理的灵活性，并可能对项目结果产生积极或消极的影响。组织过程资产是执行组织所特有并使用的计划、过程、政策、程序和知识库，会影响对项目的管理，组织过程资产来自组织实施项目或治理项目的任何工件、实践或知识，还包括组织以往项目的经验教训和历史信息，是项目管理过程的输入。项目实施期间，项目团队可对组织过程资产进行必要的更新和增补。

4.1.2　内容

航天项目综合管理三级指标包含：制定型号综合管理规章制度、编制项目范围说明、制定项目管理计划、型号产品实现策划、型号实施监控、安全管理、保密管理、型号收尾。

（1）输入

在项目管理中，输入是开始一个过程所必须具备的来自项目内外的任何事项，可以是前一过程的输出。

制定型号综合管理规章制度的输入：武器装备项目研制管理要求、质量管理体系要求、武器装备研制程序、航天项目承担单位管理规定、航天型号科研生产管理规定、项目工作说明、项目合同、项目文件、事业环境因素、组织过程资产。

编制项目范围说明的输入：型号章程、项目工作说明、项目文件、事业环境因素、组织过程资产。

制定项目管理计划的输入：项目初步范围说明书、项目工作说明、项目合同、项目文件、事业环境因素、组织过程资产。

型号产品实现策划的输入：型号章程、型号研制综合管理制度、型号立项批复、项目范围说明书、项目工作说明、项目合同、航天项目承担单位管理规定、航天型号科研生产管理规定、项目利益相关方要求、项目文件。

型号实施监控的输入：项目管理计划、项目范围说明书、研制总要求、项目合同、项目利益相关方要求、项目变更请求、产品实现总策划及各子策划、项目文件。

型号收尾的输入：项目合同、项目管理计划、项目范围说明书、项目可交付成果、范围基准、进度基准、质量基准、费用基准、绩效测量基准、项目文件、事业环境因素、组织过程资产。

安全管理的输入：科研生产安全管理要求。

保密管理的输入：科研生产保密管理要求。

（2）技术、方法、工具

航天项目综合管理应用的技术、方法、工具：系统工程、项目管理方法、价值分析、类比分析、团队研讨、专家咨询、专家判断、专家评审、项目管理信息系统。

（3）输出

在项目管理中，输出是某个过程所产生的产品、成果或服务，可以作为后续过程的输入。

制定型号综合管理规章制度的输出：型号章程、型号合同管理制度、型号项目管理计划制度、型号报告制度等。

编制项目范围说明的输出：项目初步范围说明书。

制定项目管理计划的输出：项目管理计划。

项目管理计划是说明项目执行、监控和收尾方式的项目文件，它整合并综合了所有项目子管理计划、项目基准（范围基准、进度基准、质量基准、费用基准、绩效测量基准）及管理效能所需的相关信息。完整的项目管理计划由若干子管理计划组成，包括但不限于范围管理计划、需求管理计划、进度管理计划、费用管理计划、质量管理计划、资源管理计划、沟通管理计划、风险管理计划、采购管理计划、项目相关方参与计划、变更管理计划、需求管理计划、配置管理计划、项目效益管理计划等，每个航天型号项目根据需求进行裁剪和组合。项目管理计划是管理项目的主要文件，同时还需要使用其他项目文件，是高效管理项目必需的，如活动属性、活动清单、假设日志、变更日志、估算依据、费用估算、费用预测、持续时间估算、问题日志、经验教训登记册、里程碑清单、资源分配单、项目日历、项目沟通记录、项目进度计划、项目进度网络图、项目范围说明书、团队岗位说明书、质量控制测量结果、质量测量指标、质量报告、需求文件、需求跟踪矩阵、资源分解结构、资源日历、资源需求、风险登记册、风险报告、进度数据、进度预测、相关方登记册、团队章程、测试与评价文件等。项目管理计划、项目文件在整个项目管理过程中应不断更新，以适应项目不确定性、项目范围实现的需要。

型号产品实现策划的输出：产品实现总策划、技术策划、进度策划、质量策划、费用策划、人力资源策划、风险管理策划、沟通管理策划、任务分工策划、知识产权策划、安全 / 保密策划、信息化策划、研制保障条件策划等。每项策划的结果包括策划方案、子管理制度、子管理计划。需要关注的是产品实现策划并不是项目要素管理策化，产品实现策划的范围要多于项目要素管理策划。

型号实施监控的输出：型号范围变化核实、型号偏离管控（报告、纠偏）、纠正 / 预防措施实施、型号范围更新、型号策划更新、项目管理计划更新。

型号收尾的输出：型号行政收尾、型号合同收尾、型号可交付成果验收。

安全管理的输出：项目实施过程及项目范围安全管控、项目可交付成果及项目产品安全管控。

保密管理的输出：项目实施过程及项目范围保密管控、项目可交付成果及项目产品保密管控。

当下，航天型号项目综合管理的地位和作用发挥体现不充分，应加强；大部分型号项目还没有一个系统的、完整的项目章程，缺少统管项目的一个规范性、综合性、法律性文件；缺乏项目综合管理计划，项目整体性不强。项目要素管理计划不全面，缺乏对要素管理的制约和计划，往往以项目进度计划代替了项目相关计划，项目过程组间协调性、项目要素管理协同性和项目整体性不佳；对产品实现策划重视度不够，已形成的策划不完整、不严谨，对策划的执行、变更和动态调整不及时；型号实施过程偏离管控不到位、不严格；型号收尾的规范性、客观性还需提高，缺少对型号任务（工作）完成与否、完成质量、成功与否的正确评价。

鉴于型号项目研制的复杂性、不确定性，基于项目环境、条件的变化，项目变化、变更不可避免，项目管理各过程相互影响、多次迭代并相互作用，项目综合管理的重要性和作用日益凸显。项目综合管理应动态调整、更新项目管理计划，及时项目偏离与变更管控和变更后项目绩效的实现，一体化推进项目进程，确保项目范围和可交付成果兑现，实现项目成功。项目综合管理应体现敏捷性、适应性和创新性，能够综合应用新兴实践、最佳实践、先进技术和现代手段，以实现更为优化的项目综合管理。

4.2　范围管理

4.2.1　概念和内涵

项目范围管理是确保项目包括成功完成项目做且只做所需的全部工作的各个过程。在项目管理中，“范围”这一术语有两种含义：产品范围和项目范围，产品范围是指某些产品、服务或成果所具有的特征和功能，项目范围是指为交付具有规定特性和功能的产品、服务或成果而必须完成的工作。项目范围有时也包括产品范围。管理项目范围主要在于定义和控制哪些工作应该包括在项目内，哪些不应该包括在项目内。

项目范围说明书是对项目范围、主要可交付成果、假设条件和制约因素的描述，包括：产品范围描述、可交付成果、验收标准、项目的除外责任，为项目团队详细策划、指导项目工作、评价项目变更请求或额外项目工作是否超过项目边界提供测量基准。项目范围的确定与管理影响到项目的整体成功，对项目、项目管理至关重要。

航天项目一般为大型的系统工程项目，其特征使得项目范围确定过程较长，需要与用户进行大量沟通，并数次迭代。航天项目实施中不确定性强，项目范围变化多、变化频，需要多次对项目范围进行核实，对项目范围变更控制要求高、挑战大。

4.2.2 内容

航天项目范围管理三级指标包含：范围管理策划、需求管理、定义范围、创建工作分解结构、范围核实、范围变更控制。

（1）输入

范围管理策划的输入：项目章程、项目范围说明书、范围基准、项目管理计划、项目文件、事业环境因素、组织过程资产。

需求管理的输入：质量管理体系要求、项目相关方的需求及潜在需求、航天项目承担单位管理规定、组织过程资产。

定义范围的输入：项目章程、项目初步范围说明书、项目范围管理计划、变更请求、项目工作说明、项目合同、项目文件、组织过程资产。

创建工作分解结构的输入：项目范围说明书、范围基准、项目范围管理计划、项目合同、变更请求、项目文件、组织过程资产。

范围核实的输入：项目范围说明书、范围基准、工作分解结构、项目范围管理计划、可交付成果、项目文件。

范围变更控制的输入：项目范围说明书、范围基准、项目工作分解结构、项目范围管理计划、变更请求、项目绩效报告、项目文件。

（2）技术、方法、工具

项目范围管理应用的技术、方法、工具：系统工程、产品分析、项目相关方分析、工作分解结构、检查、变更控制、需求分析、偏差分析、数据分析、配置管理、专家咨询、专家判断、专家评审。

（3）输出

范围管理策划的输出：范围管理计划。

需求管理的输出：需求确定、要求评审、要求更改确认、需求管理计划。

定义范围的输出：项目范围说明书、范围基准。

创建工作分解结构的输出：型号工作分解结构、确定可交付成果。

范围核实的输出：验收的可交付成果、变更请求。

范围变更控制的输出：变更事项确认、范围变化确认、更新的范围说明书、更新的范围基准、更新的工作分解结构、更新的可交付成果、更新的项目管理计划。

当下，航天型号项目范围管理策划不足、管理充分性不够，大部分项目没有制定系统、完整的范围管理计划，没有或没有完整的项目范围说明书，这是航天型号项目管理比较缺失的内容；对项目需求管理不充分；项目工作分解的完备性不够；项目全过程可交付成果确认和项目范围核实有差距。

对于风险大、不确定性高、周期长的项目，项目风险不断变化，在项目启动过程中通常无法准确明确项目的范围，而需要在项目期间逐渐确认。敏捷方法要求在项目早期缩短定义和协商项目范围的时间，并为持续探索和明确项目范围而延长创建相应过程的时间。在许多情况下，不断涌现的项目相关方需求往往导致最终的项目需求与最初所述的项目需求之间存在差异。因此敏捷方法可有目的地构建和审查原型，并通过发布多个版本来明确需求。因此，项目范围会在整个项目期间被定义和再定义。

项目范围管理的发展趋势和新兴实践包括（但不限于）注重与项目相关方的合作，从而：

1）确定问题并识别项目需求；

2）识别并推荐能够满足这些需要的可行解决方案；

3）收集、记录并管理项目相关方需求，以满足项目目标；

4）推动项目集或项目的产品、服务或最终成果的成功应用。

对型号项目需求不稳定的领域、产品等，要采用敏捷、精益和适应型技术去处理不稳定的需求，直至需求稳定且可定义明确。

4.3 进度管理

4.3.1 概念和内涵

项目进度管理是指为管理项目按时完成所需的各个过程。航天项目进度管理通过项目进度策划制定详尽的计划，说明项目如何以及何时交付项目范围中定义的产品、服务和成果，并作为一种用于沟通和管理项目相关方期望的工具，以及报告绩效的基础。

航天项目进度管理是航天型号管理的核心和项目相关方关注的重点。早期的航天型号管理，或者通常意义上的航天型号管理，多以进度计划管理为核心。航天型号研制周期长，进度管理计划类型多，按时间维度，分为型号研制总计划、阶段计划、年度计划、月度计划、周计划、天计划，以及不确定时间的计划；按项目工作类型或工作内容划分，分为立项计划、技术攻关计划、评审计划、装配计划、试验计划、鉴定计划、定型计划等；按管理要素划分，分为范围、费用、质量、配置、需求、变更、队伍、风险、采购、沟通、技术、文化等管理计划；按管理主体或管理对象划分，分为总体部计划、总装厂计划、专业所计划、外包计划、外协计划、外购计划等，也可能是上述计划的组合，比如某型号项目导弹系统总体部启动过程设计质量专项评审计划。

4.3.2 内容

航天项目进度管理三级指标包含：进度管理策划、制定研制进度计划、估算活动资源、进度控制。

（1）输入

进度管理策划的输入：项目范围说明书、工作分解结构、项目管理计划、变更请求、活动资源需求、项目文件、事业环境因素、组织过程资产。

制定研制进度计划的输入：项目范围说明书、工作分解结构、项目管理计划、变更请求、活动资源需求、项目活动清单、项目活动属性、项目进度网络图、进度管理计划、项目文件、事业环境因素、组织过程资产。

估算活动资源的输入：项目管理计划、项目活动清单、项目活动属性、项目可利用资源、项目文件、事业环境因素、组织过程资产。

进度控制的输入：进度管理计划、进度计划、进度基准、变更请求、项目文件。

（2）技术、方法、工具

项目进度管理应用的技术、方法、工具包含：进度网络分析、关键路径法、甘特图、网络图、资源优化、数据分析、多方案比较、类比估算、参数估算、三点估算、自上而下估算、自下而上估算、情景分析、偏差分析、提前量和滞后量分析、专家咨询、专家判断、专家评审、项目管理信息系统。

（3）输出

进度管理策划的输出：进度管理计划。

制定研制进度计划的输出：定义项目活动、排列活动顺序、估算活动时间、进度计划、进度基准。

估算活动资源的输出：活动资源配置需求、资源管理计划。

进度控制的输出：监控项目状态、进度变更请求、进度变更控制、进度计划更新、项目管理计划更新。

当下，航天型号项目进度管理缺乏进度管理策划，把进度计划和进度管理计划当成一回事，缺少对进度的管理；项目缺乏活动时间的科学估算，先进的计划制定技术应用不充分；项目活动资源配置不充分，资源平衡和优化有差距，早期对资源配置需求分析不足，普遍缺少资源管理计划；对进度变更控制不及时。

由于航天型号项目的不确定性，保证计划进度变得困难，给进度管理带来挑战。选择具有未完项的迭代型进度计划，其是一种基于适应型生命周期的滚动式规划，允许在项目开发生命周期期间进行变更；选择按需进度计划，其是一种基于制约理论和来自精益生产的拉动式进度计划，可根据团队交付能力来限制团队正在开展的工作，在资源可用时立即从未完项和工作序列中提取出来开展工作，以根据具体情景有效采用和裁剪计划实践。

4.4 费用管理

4.4.1 概念和内涵

项目费用管理包括为使项目在批准的预算内完成而对费用进行规划、估算、预算、融资、筹资、管理和控制的各个过程，从而确保项目在批准的预算内完工。项目费用管理重点关注完成项目活动所需资源的费用，但同时也应考虑项目决策时对项目产品、服务或成果的使用费用、维护费用和支持费用的影响。

航天型号项目研制周期长，项目用户投资规模大，研制承担单位、供方众多，外包单位层级多、交叉配套，合同费用关系复杂，全寿命研制阶段费用管理对型号任务完成至关重要。

4.4.2 内容

航天项目费用管理三级指标包含：费用管理策划、估算费用、制定预算、控制费用。

（1）输入

费用管理策划的输入：项目章程、项目管理计划、项目范围说明、型号工作分解、项目可交付成果、项目合同、项目文件、事业环境因素、组织过程资产。

估算费用的输入：项目管理计划、项目进度计划、项目人力资源计划、资源管理计划、项目范围说明、型号工作分解、项目可交付成果、项目合同、项目文件、事业环境因素、组织过程资产。

制定预算的输入：费用估算、项目管理计划、项目进度计划、项目人力资源计划、资源管理计划、项目范围说明、型号工作分解、项目合同、项目文件、事业环境因素、组织过程资产。

控制费用的输入：项目管理计划、项目资金需求、费用基准、项目文件、组织过程资产。

（2）技术、方法、工具

航天项目费用管理应用的技术、方法、工具包含：专家判断、类比估算、参数估算、三点估算、自下而上估算、自上而下估算、数据分析、项目管理信息系统。

（3）输出

费用管理策划的输出：费用管理计划。

估算费用的输出：研制经费概算、研制成本分配。

制定预算的输出：费用预算、费用基准。

控制费用的输出：费用基准更新、绩效监控、数据分析、费用调控。

当下，航天型号研制全寿命费用管理不充分，缺少型号研制整体费用、阶段（过程）费用及各子系统、各单元、各管理要素费用的科学估算、正确预算；难以按费用设计，做不到按费用研制，没能在型号性能指标、型号项目范围 / 产品范围、型号进度要求和经费支撑之间做到资源平衡和优化，费用预算与实际费用支出差距大；对费用数据分析包括挣值分析、偏差分析、趋势分析、储备分析等应用不足不力，或者没有应用。

航天型号项目的不确定性及项目相关方需求的变化性，给型号项目范围确定、型号费用估算、保持研制费用受控带来难度。若保持变化的项目遵循严格的预算，就需要频繁更改项目范围和进度计划，将难以保证项目性能指标实现、项目计划管理严肃性。

4.5　质量管理

4.5.1　概念和内涵

项目质量管理过程包括保证项目符合规定的要求所需的所有活动，即包括制定质量方针和质量目标、落实质量责任以及实施质量策划、质量控制、质量保证和质量改进等程序、作业的所有过程。

航天型号项目研制是一项十分庞大而复杂的系统工程，型号研制探索性强，未知因素多，技术风险大，立足并追求“一次成功”。质量管理成功与否、产品质量是否符合要求依赖于项目文化适宜性、项目管理成熟度、项目治理模式先进性。航天型号项目任务复杂，设计与制造并行，有时制造与保障并行，技术状态多，变化控制难，质量管理难度大。航天型号项目任务实施剖面多、产品工作环境复杂，对产品质量、可靠性、维修性、保障性、测试性、安全性和环境适应性要求高，因此通用质量特性实现和专用产品保证显得尤为重要。

满足质量要求、提供质量要求会得到满足的信任，增强满足质量要求的能力是航天项目质量管理核心。保证必要的型号质量预防成本和鉴定成本等符合性质量成本，以保证满意的质量；把型号质量内部故障成本和外部故障成本等非符合性质量成本降低，以减少质量损失，是型号项目质量工作始终要遵循的原则。

4.5.2 内容

航天项目质量管理三级指标包含：质量策划、质量保证、质量控制、质量改进。

（1）输入

质量策划的输入：项目章程、项目管理计划、项目范围说明书、质量管理体系要求、航天项目承担单位管理规定、航天型号科研生产管理规定、研制总要求、项目合同、项目文件、事业环境因素、组织过程资产。

质量保证的输入：质量管理体系要求、质量管理计划、型号质量管理工作规定、质量基准、预防/纠正措施、项目文件、组织过程资产。

质量控制的输入：质量管理体系要求、质量管理计划、质量基准、可交付成果、项目文件、事业环境因素、组织过程资产。

质量改进的输入：质量管理体系要求、项目管理计划、质量基准、预防/纠正措施、项目文件、事业环境因素、组织过程资产。

（2）技术、方法、工具

航天型号质量管理应用的技术、方法、工具包含：专家咨询、专家判断、专家评审、实验设计、数据分析、质量成本分析、质量规划工具和技术、质量控制工具和技术、质量管理方法、产品保证技术、质量检查、质量审核、质量确认、FRACAS。

（3）输出

质量策划的输出：质量工作规定、质量目标、质量基准、质量工作（包括质量技术工作、质量管理工作等）计划。

质量保证的输出：质量保证计划、通用质量特性保证、专用产品保证。质量保证计划包括通用质量特性保证计划、软件质量保证计划、专用产品保证计划、标准化计划等。

质量控制的输出：产品设计和开发评审、关键过程控制、关键件重要件把关、关键特性核实、产品质量确认、质量绩效报告。

质量改进的输出：产品和服务故障报告分析和纠正措施系统（FRACAS）实施、问题技术归零和管理归零、项目/产品/人员质量审核、质量管理体系改进。

当下，航天型号项目应关注型号质量工作系统与单位质量体系的有机融合和充分互动；型号项目须强化型号产品实现的多方案比对和方案设计优化，强化、高度关注并大力提升产品设计质量；应大力强化产品工艺设计优化、产品可制造性、产品制造成熟度；型号产品需落实精细化质量管控，做到凡有操作，必须有检验和记录。凡有测试，必须有判读和比对。凡有验证，必须与产品实际环境一致。凡有检验、判读、验证，必须有量化标准和标志性结果。凡产品指标、质量基准，必须能检验、测试、验证，做到质量正向确认、产品实现全过程可追溯。强化产品数据采集、分析、挖掘，实施型号产品成功数据包络分析，对不在成功包络范围内的数据（尤其是异常数据、有变化趋势的数据、临界数据等）应再分析、再验证，确保产品特性可保证；型号必须落实基于模型的系统工程，建立符合规则、平台保证、过程约束的设计、制造实现过程。

航天型号质量管理坚持零缺陷系统工程管理，把以人为本的航天质量文化建设、追求卓越的质量管理体系建设、强化基础的产品保证能力建设和系统优化的产品实现过程控制充分融合，强化系统预防、源头控制、过程控制、夯实基础，以用户满意为标准，以符合要求为宗旨，追求第一次就把事情做对做好，确保一次成功。

4.6 人力资源管理

4.6.1 概念和内涵

航天型号项目人力资源管理包括组织、管理与领导项目团队的各个过程。项目团队由为完成项目而承担不同角色与职责的人员组成。

航天型号项目人力资源管理是为完成项目工作、实现项目目标所实施的项目人力资源策划、组建项目团队、建设项目团队、管理项目团队的过程。

4.6.2 内容

航天型号项目人力资源管理三级指标包含人力资源策划、队伍组建、队伍建设和队伍管理。

（1）输入

人力资源策划的输入：项目管理计划、资源需求计划、项目范围说明书、工作分解结构、项目文件、事业环境因素、组织过程资产。

队伍组建的输入：型号队伍管理制度、队伍管理计划、项目组织图、项目岗位职责职权、项目岗位条件、事业环境因素、组织过程资产。

队伍建设的输入：项目管理计划、项目可利用资源、组织过程资产。

队伍管理的输入：项目管理计划、项目绩效报告、队伍考核结果、组织过程资产。

（2）技术、方法和工具

航天型号人力资源管理技术、方法和工具包含：组织理论、组织机构图与职位描述、招募、谈判、虚拟团队、培训、观察和交流、人际沟通技能、数据分析、项目绩效评价、冲突管理、激励。

（3）输出

人力资源策划的输出：型号队伍管理制度、队伍配置管理计划。

队伍组建的输出：队伍设置（队伍岗位配置、岗位职责与职权、岗位任职条件）、人员选拔、队伍调整。

队伍建设的输出：队伍培训、队伍考核、队伍沟通。

队伍管理的输出：队伍评价、队伍激励。

当下，航天型号项目人力资源策划不完备；队伍岗位设置适宜性、充分性需加强，岗位职责、权限不明晰、不落实，岗位任职条件不规范；具有胜任力的合格团队及其成员选择困难；团队成员到岗后符合岗位需求及适应项目任务进展的应知应会应备的培训、自我补充不及时，岗位能力自适应提升机制不完善；队伍动态配置不充分，适应项目过程、阶段特征和工作进展的任务分配不充分；对团队及其成员的绩效考核、任职评价和奖惩激励不到位。

航天型号团队建设水平事关型号团队能力、水平，对完成航天型号任务、实现项目目标、助推型号成功至关重要。型号项目所在组织要按照航天型号项目岗位设置要求，选择合适的团队承担项目工作，最关键的一点是组织要选好型号项目行政负责人、技术负责人，人力资源部门要帮助型号两总选到胜任型号工作的人员，要把合适的人用到合适的岗位上。型号团队建设中需要关注的是：型号项目所在的组织的人力资源有限，型号不一定能选到最合适的人选，组织这时需要遵循组织发展战略，综合项目重要度、影响度、优先级、复杂度、难度等要素，把组织中相对合适的人用在型号项目相应岗位上，同时要知悉所选的人与岗位配置要求的差距，在型号项目实施过程中，加强培训、锻炼，逐渐缩减差距；按照型号项目的进展和型号项目范围完成的程度，型号岗位配置应是动态的，要及时调整队伍设置、合理分配任务、严格绩效考核、认真队伍评价和有效团队激励，把组织有限的资源用好；型号团队人员可能接受多重任务（本型号及其他任务）、多重领导（型号领导、行政领导等），组织和项目领导要妥善分配任务、公正激励，充分调动团队人员积极性，项目团队成员也要适应多岗位、多角色工作的需要，注重自我锻炼和充电，提高岗位、角色胜任力。组织、项目要关心团队，在带领团队完成任务的同时，把团队文化与组织文化建设、团队任务完成与组织绩效实现、个人成长项目成功与组织发展有机融合，实现个人、项目、组织协同发展。

4.7 风险管理

4.7.1 概念和内涵

项目风险管理包括风险管理策划、风险识别、风险分析、风险应对规划、风险应对和风险监控的各个过程。项目风险管理的目标旨在增加正面风险（机会）的概率和影响，降低负面风险（损失）的概率和影响，提高项目成功的可能性。

4.7.2 内容

航天项目风险管理三级指标包含：风险管理策划、风险识别、风险分析、风险评价、风险应对规划、风险应对、风险监控。

（1）输入

风险管理策划的输入：项目章程、项目管理计划、项目范围说明书、项目合同、进度管理计划、费用管理计划、沟通管理计划、项目文件、事业环境因素、组织过程资产。

风险识别的输入：项目管理计划、风险管理计划、项目范围说明书、项目合同、进度管理计划、费用管理计划、质量管理计划、项目文件、事业环境因素、组织过程资产。

风险分析的输入：项目管理计划、风险管理计划、项目范围说明书、风险登记册、项目文件、事业环境因素、组织过程资产。

风险评价的输入：项目管理计划、风险管理计划、项目范围说明书、风险登记册、项目文件、事业环境因素、组织过程资产。

风险应对规划的输入：项目管理计划、风险管理计划、风险登记册、项目文件、事业环境因素、组织过程资产。

风险应对的输入：项目管理计划、风险管理计划、风险应对策略、风险应对方案、项目文件、组织过程资产。

风险监控的输入：项目管理计划、风险管理计划、风险应对方案和策略、风险登记册、项目绩效报告。

（2）技术、方法、工具

航天型号风险管理应用的技术、方法、工具包含：专家判断、数据分析、偏差分析、趋势分析、情景分析、风险图表法、决策树法、故障树分析（FTA）、事件树分析（ETA）、因果分析（CC）、故障模式及影响分析（FMEA、FMECA）、蒙特卡罗模拟法、随机网络法、风险参数法、网络模型法、概率事件分析法、神经元网络预见（NN）、预先风险性分析（PHA）、风险参数法、项目动力学分析法、灰色预测法、模糊评判法、敏感性分析、层次分析法、挣值法、效用分析法、损失判定法、组合分析、审核审查、风险审计。

（3）输出

风险管理策划的输出：风险管理计划。

风险识别的输出：风险登记册。

风险分析的输出：风险登记册、更新的项目文件、风险报告。

风险评价的输出：风险登记册、更新的项目文件、风险报告。

风险应对规划的输出：风险应对方案、风险应对策略。

风险应对的输出：风险应对计划实施、风险应对策略实施。

风险监控的输出：监督应对计划和策略实施、跟踪已识别的风险、监测残余风险、识别分析新风险、评价风险管理有效性、风险报告。

当下，航天型号项目大多还没有制定完整的风险管理计划，居多是泛在的风险分析，很多时候还是出现问题后的归零和风险应对，以及问题不能归零时的风险判断；对型号研制全过程风险分析和评价重视不足，尤其是风险量化分析不够，精确的风险分析和应对报告不够；对风险的监控、风险应对策略和措施的准备不充分。

航天型号项目属性和特征表明航天项目风险是固有的，项目风险管理过程应在项目持续期内不断迭代实施。随着项目过程进展，监督和管理好项目风险，确保项目偏离受控并处于正轨。航天型号风险管理的有效性直接关乎项目成功与否，航天项目目标实现的过程就是风险防范和管理的过程，要想取得型号成功，在项目实施全过程中就必须积极地应对和管控好风险。组织、项目团队要从风险对项目成功造成的威胁 / 损失或带来的机会的角度看待风险，风险对项目所造成的威胁 / 损失只要能与冒此风险所得到的收益相抵，风险就可接受。组织和项目除了按计划实施常规的风险管控外，还要为可能发生的突发性风险做好准备，突发性风险只有在发生后才能被发现，要经常留意早期的预警信号，以尽早识别出突发性风险。应与项目相关方沟通，预留合理的应急时间、预算，采用灵活的项目过程，对可能变化和调整的项目范围，准备相应的策略，以采取强力变更管理，提升项目韧性，保证项目向着项目目标的正确方向推进并最终实现目标。

4.8 采购管理

4.8.1 概念和内涵

项目采购管理包括从项目团队外部采购或获取所需产品、服务或成果的各个过程。

航天型号是一个复杂的系统工程，型号任务总承包单位及外包/分包单位由于专业能力所限和资源拥有能力所限，很难把型号范围内的所有工作都在本单位内实现，需要借助项目实施单位外部力量共同完成项目任务。在航天系统，一般由型号总体研究院作为总承包单位，总体单位（总体部、总装厂、总体专业所等）作为主包单位，签订型号任务总承包合同或主包合同，对型号任务负总责；由总包单位、主包单位与外包/分包单位签订合同，完成分系统/子项目研制任务；当外包/分包单位不能独立完成型号任务时，与项目相关专业单位签订外协/外购合同，协同完成型号任务。一般意义上，型号总体单位内部（同一行政体系内）的承担单位，通称为分包单位。型号总体单位外部的单位，通称为外包单位或外协单位，严格意义上讲，应称为外包单位。外包、外协任务一般都包含有研制、研发的内容。外购一般是指可直接采购，或研制、研发内容较少，少量研制加直接采购能集成的产品，许多外包/外协任务往往是自主研制和外购的综合集成。目前，一些外包单位往往再次或多次外包/外协或层层转包，这是航天型号研制要力避的，供方选择不力是引发航天产品质量问题的重要原因之一。

航天型号项目：外部供方数量多、类别多、层次多，水平参差不齐；供方产品技术水平和质量对型号性能、进度等影响大，制约型号产品实现，风险大，管控难度大；外包 / 外协费用控制难，采购成本高，型号费用风险高。

4.8.2　内容

航天项目采购管理三级指标包含：采购策划、供方管理、外协管理、外购管理、外包（外协、外购）合同管理。

（1）输入

采购策划的输入：项目章程、项目文件、项目管理计划、项目范围说明书、需求管理计划、资源管理计划、项目文件、事业环境因素、组织过程资产。

供方管理的输入：质量管理体系要求、项目实施单位管理规定、航天科研生产管理规定、项目文件、采购管理计划、型号分工定点方案、项目文件、事业环境因素、组织过程资产。

外协管理的输入：质量管理体系要求、项目实施单位管理规定、航天科研生产管理规定、项目文件、采购管理计划、合格供方清单、项目范围说明书、合同管理规定、组织过程资产。

外购管理的输入：质量管理体系要求、项目实施单位管理规定、航天科研生产管理规定、项目文件、采购管理计划、合格供方清单、项目范围说明书、合同管理规定、组织过程资产。

外包（外协、外购）合同管理的输入：质量管理体系要求、项目实施单位管理规定、航天科研生产管理规定、项目文件、采购管理计划、项目范围说明书、合同管理规定、组织过程资产。

（2）技术、方法、工具

航天项目采购管理应用技术、方法、工具包含：专家判断、专家评审、数据分析、招标、检查、审核、审计、管理信息系统。

（3）输出

采购策划的输出：制定采购管理制度、采购管理计划。

供方管理的输出：供方选择、供方审核、供方评价、供方确定。

外协管理的输出：外协供方确认、合同要求确定 / 评审、签订合同、关键点控制、外协项目验收。

外购管理的输出：外购供方确认、签订合同、外购验收。

外包（外协、外购）合同管理的输出：签订合同、制定合同管理计划、合同节点管控、合同收尾。

当下，航天型号项目国内外合格供方选择依然是一个挑战，从供方中确认、选取最优秀的外包（外协、外购）、分包单位还有不少问题，个别供方的可选性也是困惑；合同要求的评审、确认的充分性还应加强；对合同实施中关键过程的风险防范和里程碑节点的把关仍需提高；产品通用化、组合化、系列化等三化水平，型谱化和军民兼容性能力不够；合同的采购管理信息化水平不高。

航天型号项目相关方在产品实现全价值链上、供应链上应相互把彼此当作顾客，项目实施主体应把供应链上下游、产品上下道工序等实施者视为顾客，以顾客为关注焦点，把为顾客提供最优异、符合要求的产品作为己任。项目相关方应充分借鉴国际上优秀跨国集团供应链管理的先进经验，把最优秀的供方、性价比优（性能优、质量优、价格优、服务优）的产品纳入型号项目供应链，下力气提高供应链管理成熟度，合力提升供应链价值，与供方协同成长和合作发展。

4.9 沟通管理

4.9.1 概念和内涵

项目沟通管理包括为确保及时且恰当地规划、收集、生成、发布、存储、检索、管理、控制、监督和处置项目及其相关方的信息需求得以满足的各个过程。项目沟通管理一是制定策略，确保沟通对相关方行之有效，二是执行必要活动，以落实沟通策略。

航天型号项目沟通管理是指为了完成型号任务、实现型号项目研制目标，项目人员在型号研制过程中有目的、有计划、有组织的沟通活动和过程。它是项目实施主体内部项目相关方之间，以及项目实施主体与项目外部相关方之间进行的多形式、多媒介、多内容、多渠道等保证及时与恰当地规划、收集、生成、发布、存储、检索、管理和处置项目信息所需的过程。

4.9.2　内容

航天项目沟通管理的三级指标包含：项目沟通管理策划、项目信息发布、项目绩效报告。

项目沟通管理策划是确定项目相关方对信息与沟通的需求，为项目沟通活动制定恰当的方法和计划的过程。项目信息发布是按要求和计划将所需相关信息及时提供给项目相关方的过程。项目绩效报告是收集项目基准数据，向项目相关方报告项目绩效信息（项目资源投入使用情况、项目状态报告、项目绩效量度及预测等）的过程。

（1）输入

项目沟通管理策划的输入：项目章程、项目管理计划、项目范围说明书、项目文件、事业环境因素、组织过程资产。

项目信息发布的输入：项目管理计划、沟通管理计划、项目文件、工作绩效报告、事业环境因素、组织过程资产。

项目绩效报告的输入：项目管理计划、项目文件、工作绩效数据、变更请求、可交付成果、事业环境因素、组织过程资产。

（2）技术、方法、工具

沟通管理应用的技术、方法、工具包含：专家判断、沟通需求分析、沟通技术、沟通模型、沟通方法、沟通技能、会议、信息收集和检索系统、信息发布系统、绩效收集系统、偏差分析、预测方法、绩效报告系统、项目管理信息系统。

（3）输出

项目沟通管理策划的输出：沟通管理计划。

项目信息发布的输出：项目信息发布、项目信息管理。

项目绩效报告的输出：项目绩效发布、项目管理计划变更。

当下，航天型号项目尚没有把沟通管理当作正式、规范的工作内容，尽管每个型号都在形式、媒介、内容、渠道等方面做了些沟通工作，但是规范性、目的性、组织性、计划性、效果均有不少差距，项目沟通管理、项目信息发布、项目信息管理、项目绩效报告等还需要制度化和不断提升，一些项目恰恰因为沟通不当，耽误了进程，影响了任务完成乃至目标实现。

让项目内部、项目内部与项目外部、项目相关方之间沟通规范、畅通、无障碍，充分利用现代沟通技术、方法、工具、手段，使项目信息在项目产品实现过程、项目过程管理领域有序流转，助推项目成功。

4.10 项目相关方管理

4.10.1 概念和内涵

项目相关方管理包括识别影响项目或会受项目影响的人、群体或组织，分析项目相关方对项目的需求、期望和影响，制定合适的管理策略来有效调动项目相关方参与项目决策和执行。

根据质量管理体系要求（GJB 9001C—2017），相关方是指对组织稳定提供符合顾客要求及适用法律法规要求的产品和服务的能力具有影响或潜在影响的个人或者团体。航天项目相关方包括但不限于：军方、国家相关部委、航天项目实施主体单位及其所有者、外包/分包（外协、外购）单位、供方、合作伙伴、项目团队、各类资质认可机构、检验检测机构，以及竞争对手等。

航天型号项目相关方有其特殊性，其用户/顾客一般隶属国家战略产业和安全行业，多为国家、军方、政府管理部门或为军方、国家指定的应用对象，“国家利益高于一切”是航天项目总包单位的核心价值观，“富国强军”是其核心目标之一。航天项目实施单位及其供方遍及国内外，军、民领域都有，是完全市场竞争的主体单位，这就要求项目实施主体单位要处理好国家、用户、单位和供方的关系，确保各相关方利益在规则约束下得以妥善保证，而有些利益是矛盾、冲突的，这是航天型号项目相关方管理的难点、困惑所在。

4.10.2　内容

项目相关方管理三级指标内容包含：项目相关方识别、规划项目相关方参与、项目相关方管理、监督项目相关方参与。

（1）输入

项目相关方识别的输入：项目章程、项目管理计划、项目文件、事业环境因素、组织过程资产。

规划项目相关方参与的输入：项目章程、项目管理计划、项目相关方登记册、项目文件、事业环境因素、组织过程资产。

项目相关方管理的输入：项目管理计划、项目文件、事业环境因素、组织过程资产。

监督项目相关方参与的输入：项目管理计划、项目绩效报告、项目文件、事业环境因素、组织过程资产。

（2）技术、方法、工具

项目相关方管理应用的技术、方法、工具包含：专家判断、数据收集、数据分析、相关方分析、会议、决策、沟通技能、人际关系与团队技能。

（3）输出

项目相关方识别的输出：项目相关方登记册、变更请求、项目管理计划更新、项目文件更新。

规划项目相关方参与的输出：项目相关方的需求、期望、影响分析、项目相关方参与计划。

项目相关方管理的输出：变更请求、项目管理计划更新、沟通管理计划更新、需求管理计划更新、资源管理计划更新、项目相关方参与计划更新。

监督项目相关方参与的输出：变更请求、工作绩效信息（报告）、范围变更请求、项目管理计划更新。

当下，航天项目相关方管理的规范性、适宜性、充分性不足，在项目实施过程中，对项目相关方参与项目规划不到位，由于项目的不确定性和项目变更的必然性，加上项目沟通管理的不充分，项目相关方对项目绩效不满意，有时即使项目目标实现了，对项目也抱怨不少。项目实施主体要积极地了解项目相关方需求、期望，主动沟通，发挥好项目相关方的影响和作用，及时变更项目请求，动态调整并更新项目管理计划，使项目的变化在相关方允许和认同范围内。

4.11 技术管理

4.11.1 概念和内涵

项目技术管理是通过对项目技术资源、技术组织和技术质量的管理，有效地把技术能力转化为项目成果并促使项目绩效最大化的能力。项目技术管理对项目绩效的作用是资源管理能力、组织管理能力和质量管理能力三个要素组合效果的反映。

4.11.2 内容

航天型号项目技术管理三级指标包含：技术管理策划、技术分解、技术状态管理、技术成熟度管理。

航天项目技术分解是按照航天型号项目系统体系、架构、组成、层次，从上至下将技术体系逐级分解，可分为若干级，以分解到最低可管理单元、能体现可交付成果为原则，直至不能再分解为止。一般每一层级上的技术，考虑学科分类相对应的技术内涵，应分解到一至四级，或者更多层级。

航天型号技术分类应按照国家学科分类标准执行，可按照硬件、软件分类，也可按照基础技术、应用基础技术、开发技术分类。适应航天型号项目研制实际和管理需求，把每一层级分解的技术，将其分类为：核心技术、关键技术、独有技术和一般技术。这样分类：第一，有利于选择技术方案、优化技术方案；第二，有利于多方案比对、确认技术途径；第三，有利于知己知彼，确保方案有竞争力；第四，有利于型号项目技术先进、可行，满足用户 / 顾客要求，助推型号成功。核心技术是项目在一段时间内领先于竞争对手的独有技术，并且是在开发中占据重要地位的关键技术；关键技术是在产品开发中占据关键地位或在关键路径上的技术，它是不可缺少的，但不一定是独有的，甚至不一定是领先的；独有技术是独有的，但不一定是关键技术和核心技术，也可能当前不创造价值或不能拦截竞争对手的发展，但其中某些独有技术在适当的条件下会成为组织未来发展所必需的核心技术或者关键技术；一般技术是有多种替换路径的普通技术。

核心技术领先于竞争对手，一段时间内对手无法超越，可拦截对手发展，具有领先性，这是核心技术的特质；核心技术独创，竞争对手难以简单模仿、复制，具有不可替代性；核心技术应用创意创造商业价值和社会价值，是创意的结果和竞争的基础，能提高效益，具有价值性；核心技术能创造知识产权，可有效运用，并为众多产品所共享，可进入相关多元化市场，须有效保护和管理，具有可保护性。核心技术应具有四个特性：领先性、不可替代性、价值性、可保护性；三个约束：时间范围、区域范围、成熟程度。核心技术与项目所在组织、项目的利益紧密相关，核心技术买不来，须自主创新。比如先进的设计理念和思想、CPU、Operating System、DSP 技术、关键工艺、高端元器件、先进制造、先进材料、动力技术等。拥有并保持更多的核心技术是项目所在组织及项目形成核心竞争力、保持持续竞争优势和持续发展的关键。

航天型号技术状态管理是对产品技术状态进行技术状态标识、技术状态控制、技术状态纪实、技术状态审核等管理活动，是航天型号的特色和难点。

航天型号技术成熟度管理是按照《装备技术成熟度评价程序》（GJB 7689）、《装备技术成熟度等级划分及定义》（GJB 7688）、《技术成熟度评价指南》（GJB/Z 173）等要求，对航天型号技术成熟度进行评价、确认和管控的过程。为了保证产品可制造、能制造、好制造，技术成熟度评价应包括制造成熟度评价，用以评价航天型号项目制造技术的成熟程度。项目技术成熟度的评价和确认是项目范围核实、项目可交付成果验收、项目转阶段、合同收尾、型号收尾等的重要评价尺度。

（1）输入

技术管理策划的输入：项目管理计划、项目范围说明书、项目技术策划、项目技术方案、技术基准、项目文件、组织过程资产。

技术分解的输入：技术管理计划、项目范围说明书、项目技术策划、项目技术方案、技术基准、项目文件。

技术状态管理的输入：项目管理计划、技术管理计划、项目技术策划、项目技术方案、技术基准、项目文件、质量管理体系要求、航天科研生产管理规定、技术状态规范、组织过程资产。

技术成熟度管理的输入：项目管理计划、技术管理计划、项目技术策划、项目技术方案、技术基准、技术成熟度规范、项目文件、组织过程资产。

（2）技术、方法、工具

航天型号项目技术管理应用的技术、方法、工具包含：专家咨询、专家判断、专家评审、质量特性展开、成熟度评价、TRIZ 方法、项目管理信息系统。

（3）输出

技术管理策划的输出：技术管理计划。

技术分解的输出：技术分解结构、技术分类、知识产权分解结构、科技成果分解结构。

技术状态管理的输出：技术状态管理计划、技术状态标识、技术状态控制、技术状态纪实、技术状态审核。

技术成熟度管理的输出：技术成熟度评价、技术成熟度确认、技术成熟度管控。

当下，航天型号项目缺乏系统的技术管理制度，尚没有完整的技术管理计划，大多型号只有技术攻关计划；型号全过程、整个阶段尤其在启动过程、规划过程或立项阶段、方案阶段并没有完整、全面的技术体系分解，有些型号只做了关键技术（清单式）梳理；型号技术分解时没有同步开展配套的知识产权创造分解、科技成果创造分解，造成了型号任务完成时，未能产生相应的知识产权和科技成果，有时仅是为了科技成果评定突击申报知识产权；一些型号，对核心技术的理解存在误区，片面地把型号攻克的关键技术认为拥有了核心技术。有的型号知己知彼不足，型号下大力气攻克的关键技术只在本单位是关键技术，在全行业并不是且已有了解决方案、成果，致使型号项目方案优化不够、竞争力不强。一些型号对核心技术拥有度，关键技术攻关在时间范围、区域范围、成熟程度的约束特征把握、认知不准确，立项时的技术状态，到型号收尾时已发生变化，有些变化较多或全然皆非；型号技术状态管理一直突破不大，技术状态变化时，总师、总体、甲方并不完全清晰，上下游并不知晓，缺乏技术状态管控的有力手段和信息化支撑平台；尽管有技术成熟度规范，但是对技术成熟度的评价和确认还不完备，缺乏对制造成熟度的评价，制约了产品的制造能力的实现，产品可制造性、制造水平不济。

技术管理能力不仅是组织和项目技术创新、获取竞争优势、发展的关键，更是组织、型号项目完成任务、实现目标、达到成功的重要保证。提升技术管理能力，不仅要对技术活动过程实施科学管理，也要对技术资源实施优化配置和系统集成，还要着力对技术能力实施综合提升。组织和项目应持续提高资源管理能力、组织管理能力和质量管理能力成熟度并保持各要素能力均衡，以提升技术管理能力，确保项目目标实现，推进项目成功。在型号项目实施不同过程、不同阶段，要认真研究型号项目技术生命周期特征和发展规律，以充分了解技术状态变化，掌控技术创新发展态势，调节技术管理模式，以优化技术管理适合度的变化方向，完善技术管理成熟度提升路径和提升过程。在技术成长期，以技术突破和产品创新为主导，要加强人力、费用、设备设施、信息等资源保障，以保证高质量的技术开发为主要任务，技术管理能力应注重技术研发质量管理能力，加大组织管理力度，促进技术成熟度的提高，同时加强项目风险管理和应对，强化技术质量管控；在技术成熟期，以工艺创新、制造保证、产品质量可靠为主体，要加强系列化、组合化、通用化（“三化”）等产品化思想贯彻，技术管理能力应注重管理和控制资源能力，保持产品质量管理能力稳定；在技术衰退期，要强化技术创新，开发新技术替代旧（老化、落后）技术，技术管理能力应注重加大技术组织管理能力，通过质量管理和资源管理实现产品优化发展。

4.12 航天项目文化管理

4.12.1 概念和内涵

航天项目文化是指航天项目团队及其成员在航天项目实施过程中普遍自觉的观念和行为方式状态。

航天项目文化范围是体现航天项目文化理念、内涵、特征的所有要素，航天项目文化体系结构是航天项目文化构成要素的整体架构和结构层次。航天项目文化体系结构模型由不可见层和可见层两层体系结构构成，不可见层是指项目团队及其成员所持有的项目价值观的集合，亦即精神要素；可见层是指由项目价值观产生的项目行为及其结果的集合，亦即非精神要素。航天项目文化由显性部分（可视部分）和隐性部分（不可视部分）组成，往往隐性部分比显性部分要大得多。

航天项目文化体系结构定义为价值观层、行为规范层和载体层三个层次。价值观层是项目的根本价值取向和基本理念，如“和谐，有序”“奉献、理解”“以人为本，依法制研”“特别能吃苦，特别能战斗、特别能攻关，特别能奉献”等；行为规范层是以项目法规、规章制度、标准、规范等形式约束项目团队和项目成员的项目行为规范，也包括以非制度形式存在的约定俗成的项目行为规范，如项目章程、项目范围说明书、项目合同、项目规划、项目管理计划、项目计划、项目规章制度、项目规范、项目过程资产等；载体层是指由项目行为规范产生的项目产品特征和可感知的项目现象和标志，它们以外在形式把一个项目与其他项目相互区分开来，如项目可交付成果等。

4.12.2 内容

航天项目文化管理的三级指标包含：航天项目文化认知度、航天项目行为规范化、航天项目执行力。

（1）输入

航天项目文化认知度的输入；航天本项目文化、航天精神、航天项目所在组织文化、项目章程、他项目文化、社会文化。

航天项目行为规范化的输入：项目章程、项目规章制度、项目标准、项目规范、项目文件、项目过程资产、组织过程资产。

航天项目执行力的输入：项目合同、项目管理计划、项目范围说明书、项目基准、项目可交付成果、项目绩效报告、项目收尾结果。

（2）技术、方法、工具

航天项目文化管理应用的技术、方法和工具包含：学习、宣传、教育、培训、项目活动、标杆管理、行为规范体系建设、奖惩激励。

（3）输出

航天项目文化认知度的输出：项目文化的先进性、项目文化的协同性、项目文化的认同性、项目文化的信奉度。

航天项目行为规范化的输出：项目团队行为规范性、项目团队行为正确性、项目团队行为持续性（一贯性）。

航天项目执行力的输出：项目领导作用发挥充分性、项目团队实施自觉性、项目团队协同性。

当下，航天项目文化建设中，要高度关注项目团队个体文化与项目群体文化，项目文化与项目所在组织文化以及项目个体文化，项目群体文化、项目组织文化的统一、同质、协同和融合；加强对项目团队的教育、培训、培养，使项目文化根植于项目团队心中；加强项目正确行为的规范化、习惯化、一贯化；加强项目团队实施、履约的自觉性、协同性；加强航天传统文化、航天当代文化、航天项目文化、时代先进文化的继承、创新、共享。

实现卓越的、出色的、高质量的、成功的项目管理，根在项目团队领导及其成员，本在项目文化及其组织文化。航天项目的成功不只是在规定的时间、费用和性能等条件下完成预定目标，还要组织实现绩效、项目完成目标、项目团队及其成员个人得到成长，同时项目利益相关方满意，不改变组织文化，没有干扰组织的企业文化或者价值观，不影响组织主要工作流程，没有干涉组织的日常工作进程，或者不影响组织其他工作的进行。

如果项目、组织不考虑其文化的适应性并对其文化进行整合，把先进的项目管理理念、理论、技术、方法和工具拿来就用，就必然导致这些技术、方法等到组织中、项目中会变样和走形。项目的成功实施、现代项目管理理念和方法的应用，必须有组织相应的生态、管理模式和运行机制的支撑。

航天项目文化建设要体现系统性、独特性、复杂性、包容性，充分发挥其导向、凝聚、约束、激励和辐射功能，要强化项目两总表率示范和组织领导引领保证作用，以人为本尊重项目成员发挥项目团队积极性，提升项目团队整体素养和能力，项目全过程应强调风险分析、识别、防范和应对，坚持符合要求零缺陷标准，坚持夯实基础源头控制，坚持一次成功理念，深化推进项目管理创新，建成航天特色项目文化。

第 5 章　航天项目评价

航天项目评价是对航天项目的能力 / 水平、成熟度、绩效的评价，或某种期待能力的成熟度的评价，航天项目评价包括航天项目管理评价、航天项目结果评价，主要基于航天发展、航天项目管理实践与创新、项目学科理论的发展及其应用实践绩效构建评价模型。

国内外关于成熟度模型的研究有数十种，主要有能力成熟度模型、软件能力成熟度模型、项目管理成熟度模型、组织能力成熟度模型、知识管理成熟度模型、风险管理成熟度模型等。成熟度模型具有度量与评价、改进与提升（引导）的功能，反映了被评价对象在实施过程中提升战略、完善充实、精准执行、实现目标、获取成功的能力，多以被评价对象的能力要素、评价能力的方法和提升能力的顺序等为架构和准则构建模型，成熟程度一般可分为 3 ~ 5 个递阶等级。

5.1　项目管理评价

航天项目管理评价是对航天项目管理的能力 / 水平、成熟度、绩效的评价，航天项目管理评价包含航天项目管理整体评价、航天项目要素管理评价。

5.1.1　项目管理整体评价

航天项目管理整体评价是对航天项目管理总的能力 / 水平、成熟度、绩效的评价。

航天型号项目评价坚持系统性、规范性、科学性、价值性、先进性、前瞻性、适用性、可用性原则。本书基于重视度、责任明确、制度建立、过程管理、管理信息系统平台建设、机制建设等要素的适宜性、充分性、有效性，将航天型号项目评价被评价对象等级划分为初始级、规范级、可度量（精确管理）级和优化级四个等级。

1）初始级，项目随意、无序、管理混乱。项目组织和项目团队不重视；项目管理责任不明确，依赖于管理者个人责任心和努力程度；项目无完整的项目管理制度；项目管理不系统、不全面；无项目管理信息系统；无项目机制，或者项目机制建设不全面。

2）规范级，项目规范、有序，管理制度化，处于合格水平。项目组织和项目团队重视；项目管理责任明确，但不一定落实；项目有完整的项目管理制度，但不一定科学、先进；项目管理过程系统、全面；有项目管理信息系统，但不完整，也可能不闭合，有些项目管理子信息系统是孤立的，与组织管理信息系统不完全相融；有项目机制。

3）可度量（精确管理）级，项目精细、量化，管控有效。项目组织和项目团队高度重视；项目管理责任落实；项目管理制度正确（适宜、充分）；项目过程管理精细、可量化；项目有管理信息系统，与组织管理信息系统相互衔接、互补；项目机制健全、有效。

4）优化级，项目自我优化、追求卓越、持续创新、不断提升。项目组织和项目团队十分重视；项目责任落细、落地；项目管理制度依环境、条件等变化及项目不确定性不断完善、优化；项目管理有效、标杆化，不断向优秀水平接近，持续追求卓越；项目管理信息系统与组织管理信息系统充分融合，互相支撑；项目机制健全、日趋完善。

5.1.2 项目要素管理评价

航天项目要素管理评价是按照航天项目管理知识领域、航天项目管理构成，对航天项目各要素管理进行能力/水平、成熟度、绩效的评价。

（1）综合管理

初始级：型号没有全面、系统的研制综合管理规章制度。没有编制项目初步范围说明书，或者编制不全面、不系统。没有全面、系统的型号研制产品实现策划及项目子策划。未制定系统的项目管理计划，子管理计划不全面。没有全面、系统地实施型号产品实现过程监控。没有全面、系统开展型号收尾。型号安全管理、保密管理不系统。

规范级：型号研制综合管理制度完整。型号初步范围说明书内容全面、完整。项目管理计划完整，子管理计划全面。型号全生命周期产品实现策划完整、系统。型号实施监控全面、完整。型号收尾全面、系统。型号安全管控完整。型号保密管控完整。

可度量级：型号研制综合管理制度充分，对研制过程有明确要求和量化指标。型号初步范围说明书充分、内容系统。型号项目管理计划、子管理计划完整。型号全生命周期产品实现策划充分、具体、翔实、可操作性强。型号项目实施监控充分。型号收尾系统、充分。型号安全管控充分。型号保密管控充分。

优化级：型号研制综合管理制度完备且不断完善。项目初步范围说明书完备。项目管理计划完备且不断更新。型号全生命周期产品实现策划完备且不断更新。型号实施监控完备。型号收尾完备，可交付成果明晰。型号实施过程及型号范围、型号可交付成果及型号产品安全生产符合要求。型号实施过程及型号范围、型号可交付成果及型号产品保密符合要求。

（2）范围管理

初始级：型号范围管理策划不全面、不系统。需求管理不明确。定义范围不系统，无项目范围说明书或不全面。工作分解结构不完整。范围核实不系统，变更请求不确认。范围变更控制不系统。

规范级：型号范围管理策划、需求管理完整。项目范围说明书完整、系统。型号研制工作 WBS 完整、全面。范围核实系统。范围变更控制系统。

可度量级：型号范围管理策划、需求管理充分、系统。范围说明书充分、全面。工作分解结构清晰、系统。范围核实充分。范围变更控制及时、有效。

优化级：型号范围管理策划、需求管理完备，且不断完善。型号定义范围完备，项目范围说明书不断充实。工作分解结构完善，不断更新。范围核实完备，可交付成果验收系统。范围变更控制优化。

（3）进度管理

初始级：型号无进度管理策划，进度管理不系统。进度计划不系统、不全面。活动资源配置需求不系统、不全面，无资源管理计划，或者资源计划不全面。进度控制不系统。

规范级：型号进度管理策划、进度管理计划全面、系统。进度计划完整。活动资源配置需求全面、完整，资源管理计划完整、系统。进度控制系统、全面。

可度量级：型号进度管理策划充分。进度计划适宜、充分。活动资源配置需求充分，资源管理充分。进度控制充分。

优化级：型号进度策划管理完备，不断完善。进度计划优化。活动资源配置需求优化，资源管理优化。进度控制优化。

（4）经费管理

初始级：型号无费用管理策划和费用管理计划，或者费用管理策划、计划不全面。费用估算不全面、不合理、不系统。费用预算粗放、不完整。费用控制不系统。

规范级：型号费用管理策划、费用管理计划系统、全面。费用估算合理、完整。费用预算系统、完整。合理控制型号费用。

可度量级：型号费用管理策划充分，费用管理计划先进。费用估算科学。费用控制充分。

优化级：费用管理优化。费用估算正确。预算完备。费用控制完善、优化。

（5）人力资源管理

初始级：型号人力资源管理策划不系统、不全面、不完整，无队伍管理计划，或者管理计划不系统。队伍组建方案不系统。队伍培训、考核、沟通不系统、不完整。队伍评价和激励不系统、不合理。

规范级：型号人力资源管理策划和队伍管理计划系统、全面。队伍组建方案完整。队伍培训、考核、沟通系统、完整。队伍评价、激励合理、系统。

可度量级：型号人力资源策划、队伍管理计划充分。队伍组建方案适应项目需求、充分。队伍培训、考核、沟通及时。队伍评价、激励适宜。

优化级：型号人力资源策划、队伍管理计划完善。队伍组建方案动态调整、完备。队伍培训、考核、沟通到位。队伍评价、激励有力、有效。

（6）质量管理

初始级：型号质量策划不系统，质量工作计划不全面、不完整。质量保证不满足型号需求，质量保证工作不系统、不全面。质量控制系统滞后、控制不力，难以有效控制。无质量改进系统，或者质量改进不具针对性、改进无力。

规范级：型号质量策划全面、系统，质量工作计划系统、完整。质量保证系统、全面。质量控制全面。质量改进合理、全面。

可度量级：型号质量策划充分，质量工作计划充分、有效。质量保证适宜、充分。质量控制有效。质量改进充分。

优化级：型号质量策划完善，质量工作计划完备。质量保证完善，不断跟进。质量控制优化，可追溯。质量改进闭环、完备。

（7）风险管理

初始级：型号无风险管理策划，没有制定风险管理计划，或者策划、计划不系统、不全面。简单地进行了风险识别，没有完整的风险登记册。有很少的定性风险分析，没有进行量化风险分析。风险评价泛泛，量化评价不够。风险应对策划较少，风险应对很不充分。没有实施风险监控。

规范级：型号风险管理策划、风险管理计划系统、全面。风险识别全面、完整。定性风险分析、量化风险分析系统、完整。风险评价全面。风险应对策划系统。风险应对全面。风险监控完整。

可度量级：型号风险应对策划、风险管理计划完整。风险识别、风险分析充分。风险评价充分。风险应对策划及其应对充分、适宜。风险监控及时、充分。

优化级：型号风险应对策划、风险管理计划完善。风险识别、风险分析完备。风险评价适宜、有效。风险应对策划及其应对优化。风险监控有力，风险管理有效。

（8）采购管理

初始级：型号无系统的采购策划，采购管理计划不全面、不合理。

供方管理形式化、不严格。外购管理、外协管理不严格，时有失控。外包合同管理不规范，合同收尾不严格。

规范级：型号采购管理策划、采购管理计划全面、系统。供方管理制度化。外协管理、外购管理规范、系统。外包合同管理规范，收尾合理。

可度量级：型号采购管理策划、采购管理计划充分。供方管理充分。外协管理、外购管理严谨、完整、先进。外包合同管控严密、充分，收尾满意。

优化级：型号采购管理策划、采购管理计划完备。供方选择适宜、优化。外协管理、外包管理科学、完善。外包合同管理先进、优化，合同收尾完备。

（9）沟通管理

初始级：型号无沟通管理策划、沟通管理计划，或者管理策划、管理计划不系统、不全面。型号信息发布不准、不及时。项目绩效报告不系统、不全面。

规范级：型号有沟通管理策划，沟通管理计划完整。型号信息发布规范、系统、全面。项目绩效报告规范、系统。

可度量级：型号沟通管理策划、沟通管理计划充分。型号信息发布充分。型号绩效报告充分。

优化级：型号沟通管理策划、沟通管理计划适宜、完备。型号信息发布及时、准确、完善。型号绩效报告完备、项目相关方满意。

（10）项目相关方管理

初始级：型号未全面、系统识别相关方。未系统策划项目相关方参与。项目相关方管理不系统。监督相关方参与不全面。

规范级：型号系统、全面地识别项目相关方。策划项目相关方参与完整。项目相关方管理全面、系统。完整监督项目相关方参与。

可度量级：型号充分地识别项目相关方。充分策划项目相关方参与。充分地管理项目相关方。充分、合理地监督项目相关方参与过程。

优化级：型号动态识别项目相关方。有效策划项目相关方参与。项目相关方管理完备、不断优化。项目相关方参与满意。

（11）技术管理

初始级：型号技术管理策划不全或没有进行。技术分解、技术分类不系统或者没有进行，配套的知识产权分解、科技成果分解没有进行。技术状态管理不系统。技术成熟度管控不充分或者没有实施。

规范级：型号技术管理策划规范、全面。技术分解、技术分类、知识产权分解、科技成果分解系统、全面。技术状态管理规范、系统。技术成熟度管控规范。

可度量级：型号技术管理策划充分。技术分解、技术分类、知识产权分解、科技成果分解完整、充分。技术状态管控充分。技术成熟度管理完整、充分。

优化级：型号技术管理策划完备。技术分解完备。技术状态管控完备。技术成熟度管理有效、优化。

（12）航天项目文化管理

初始级：型号文化不先进，与组织文化协同性不好，项目团队对项目文化认同有限，团队信奉度一般。项目团队行为不规范，一些做法不正确，团队制度执行的持续性不够。项目团队领导作用发挥不充分，团队自觉性不强，团队协同不够。

规范级：型号文化一般，追求组织文化，项目团队对项目文化认可度一般，团队信奉度尚可。项目团队行为规范，基本做法符合要求，团队行为基本一致。项目团队领导能发挥作用，团队行为基本自觉，团队协同。

可度量级：项目文化适宜，与组织文化适应，项目团队对项目文化认可并遵守。项目团队行为精确，做法合规，团队行为一贯。项目团队领导发挥作用，团队自觉、协同。

优化级：项目文化先进、适宜、与时俱进，与组织文化协同，项目团队对项目文化认同并信奉。项目团队行为精准，追求卓越，团队行为持续、一贯。项目团队领导充分发挥带头、表率作用，团队高度自觉，相互支持、帮助。

5.2 项目结果评价

航天项目管理的首要目的是实现预期的航天项目目标，体现航天项目目标完成的充分指标包括：项目范围、项目技术、项目质量、项目进度、项目经费，其符合度是衡量项目目标的硬指标。随着时代的发展，为满足航天项目管理的需求，航天项目组织和项目团队应关注项目人才成长、项目相关方满意程度、项目价值创造、项目文化表征等，这些是项目的软指标，也是航天项目的核心竞争力。

航天项目结果评价是对体现航天项目结果、表征实现航天项目目标的硬指标、软指标的综合评价。

5.2.1 范围符合度

（1）定义

项目范围是指为交付具有规定特性和功能的产品、服务或成果而必须完成的工作。航天项目范围符合度是依据项目范围基准包括项目范围说明书内容和项目工作分解结构等评价项目范围符合的程度。

项目范围符合度评价内容包括：项目范围完成度、已完成范围合格度、已完成范围及时度三方面。项目范围完成度为已完成项目范围与项目总范围的比值，已完成范围合格度为已完成项目范围符合要求范围与已完成范围的比值，已完成范围及时度为已完成范围按时间完成的范围与已完成范围的比值。

项目范围既可按照项目过程评价，也可按照项目实施阶段评价，航天项目一般按照航天项目实施阶段评价，同时项目结束后要对全项目进行评价。航天项目在立项论证阶段、方案阶段、工程研制阶段初期，用户及项目相关方的需求和要求还不能完全明确，项目实施单位对项目方案和项目工作的认知、确认也有差距，项目范围说明和工作分解的详细度不足，随着项目进展，会愈加清晰和明确。项目范围评价既可是全项目的评价，也可是子项目的评价。项目中某个产品的产品范围符合度的评价可参照上述准则同理评价。

（2）输入

范围符合度评价的输入：项目原始及更新后的范围基准、项目范围说明书、项目工作分解结构、项目工作包、项目管理计划、项目范围管理计划、可交付成果工作绩效信息、项目文件、项目变更请求、组织过程资产。

（3）技术、方法、工具

项目范围完成度采用加权统计方法进行计算。将项目全研制周期内 WBS 工作包按重要程度进行分级，每级赋予不同权重系数。

范围工作完成度的计算公式为

$$W=\sum_{i=1}^{n}(P_iC_iT_i)/\sum_{i=1}^{n}P_i$$

式中，W 为范围工作完成度，即项目范围完成度；n 为 WBS 工作包总数量，i 为其中某一项；P_i 为第 i 项工作包计划权重系数，针对航天项目，建议系统、分系统的重要里程碑节点取值 6~10，整机级里程碑节点取值 3~5，一般性节点取值 1~2；C_i 为第 i 项工作包完成合格情况，合格为 1，中间为 100% ~ 0%，不合格为 0，以工作完成的合格程度综合衡量；T_i 为第 i 项工作按时完成情况，按时完成为 1，不按时完成为 100% ~ 0%，以滞后期限占整个工作周期比值及其对项目目标实现影响程度综合衡量。

（4）输出

项目范围完成度、已完成范围合格度、已完成范围及时度，项目范围完成度分析报告。

5.2.2　技术符合度

（1）定义

技术符合度是指航天项目采用的技术、研制产品的特性和功能满足项目技术基准要求的程度，表征了航天项目整体技术水平。

项目技术符合度评价的内容包括：战术技术指标符合度、技术成熟度符合度。战术技术指标符合度以战术技术指标满足研制总要求的程度来衡量，技术成熟度符合度以技术成熟度水平符合项目要求的程度来衡量。

（2）输入

技术符合度的输入：项目研制总要求、项目战术技术指标、项目技术方案、技术基准、技术成熟度基准、产品范围说明书。

（3）技术、方法、工具

战术技术指标符合度采用评审、试验（包括仿真试验、地面验证试验、飞行试验、等效考核试验、用户试验等）验证等确认。最终由国家装备定型委员会、产品技术审查委员会等给出审查意见。

技术成熟度符合度采用专家评审、试验验证、用户验证等确认。

（4）输出

技术符合度的输出包含：战术技术指标符合度结论，可按完全符合、部分符合、不符合对每项技术分别给出结果；技术成熟度符合度以技术成熟度等级对每项技术给出结果。项目技术成熟度由战术技术指标符合度和技术成熟度符合度加权确定。

5.2.3 质量符合度

（1）定义

质量符合度是航天型号产品质量符合质量测量指标要求的程度。航天型号产品质量是航天型号项目目标的重要内容和关键要素，是用户和项目相关方关注的焦点，更是型号项目范围完成、保证可交付成果、顾客满意的核心。

品质航天是航天文化的特质。提供符合要求的航天产品是航天项目的宗旨。项目质量目标是项目在质量方面追求的目的。航天质量某种程度上是我国产品高质量的标识和象征。航天型号对质量的探索、创新和实践，走出了一条中国航天质量创造与发展之路，既有源于航天大型复杂系统工程实践的质量工作理念、理论、技术和方法的原始创新，也有零缺陷理念与系统工程管理相结合的集成创新，还有产品保证技术成功应用于航天系统工程的引进消化吸收再创新。

衡量航天型号项目质量的原则和指标有很多，考虑航天型号项目特征和航天型号质量特性，型号质量符合度评价的内容包括：通用质量特性符合度、重大关键过程一次符合率、飞行试验成功率、质量问题比率、质量成本比率。

通用质量特性（包括可靠性、维修性、保障性、测试性、安全性、环境适应性等）是产品固有特性，是衡量产品质量特征的基本指标。

型号关键过程是指对形成产品质量起决定作用的过程，一般包括形成关键特性、重要特性的过程；加工难度大、质量不稳定、已造成重大经济损失的过程。型号项目重大关键过程是指制约型号研制目标实现、型号重要关键特性形成、研制成本较大的过程。型号重大关键过程的顺利实施和一次符合要求对保证型号产品质量至关重要。

型号飞行试验是验证型号关键指标的重要手段，试验成功率表征了型号产品整体质量保证和质量管控水平。型号关键试验一次成功率反映了型号关键过程管控、产品关键特性保证的水平。

质量问题比率反映出航天型号项目设计质量、制造质量水平，航天型号研制过程中，要高度关注总承包单位级（目前定义为院级）重大质量问题及其归零，尤其对低层次、重复性、人为责任质量问题要极其关注。理论上应对产品实现过程发生的所有问题都要予以关注并彻底归零。

质量成本比率反映出型号质量趋势，质量成本包括质量符合性成本（质量预防成本、质量鉴定成本）和质量非符合性成本（包括质量内部故障成本、质量外部故障成本，又称为质量损失），保证合理的质量成本，尤其是减少不期望的质量损失是型号质量工作的目标。

（2）输入

通用质量特性符合度的输入：质量测量指标、质量基准、通用质量特性（包括可靠性、维修性、保障性、测试性、安全性、环境适应性等）的用户要求和实际达到的指标。

重大关键过程一次符合率的输入：型号关键过程数量、型号重大关键过程数量、重大关键过程一次成功完成的数量。

飞行试验成功率的输入：飞行试验总数量、飞行试验成功数量、飞行试验一次成功的数量。

质量问题比率的输入：质量问题总数量，重大质量问题数量，低层次、重复性、人为责任质量问题数量。

质量成本比率的输入：质量预防成本、质量鉴定成本、质量内部故障成本、质量外部故障成本。

（3）技术、方法、工具

通用质量特性符合度以实际实现的通用质量特性指标与要求的通用质量特性指标占比表征。

重大关键过程一次符合率以重大关键过程一次成功完成的数量与重大关键过程总量占比表征。

飞行试验成功率以飞行试验成功数量与飞行试验总量占比及一次成功飞行试验数与飞行试验总数占比的综合加权表征。

质量问题比率以重大质量问题数量与质量问题总数量占比及低层次问题数量与质量问题总数量占比的综合加权表征。

质量成本比率以质量预防成本、质量鉴定成本、质量内部故障成本、质量外部故障成本占项目总成本的比例表征，同时给出各分成本占项目总成本、质量符合性成本占项目总成本、质量非符合性成本（质量损失）占项目总成本的比例。

（4）输出

质量符合度的输出包含：通用质量特性符合度、重大关键过程一次符合率、飞行试验成功率、质量问题比率、质量成本比率。航天型号项目质量以上述四个指标的加权综合表征，每个指标的权重依具体航天型号的特征采用专家判断、层次分析法等确认。

当下，航天型号项目应高度关注设计质量，吃透型号技术，要给设计留有时间，确保设计的充分性、适宜性和鲁棒性；要吃透型号质量工作的规律，对出现的质量问题，要以问题彻底解决为目标，不应一味把质量问题的数量作为绝对考核指标，要把根治低层次问题作为硬指标；要充分关注关键过程质量控制，要努力提高一次成功的概率，少走弯路；要合理控制质量成本，增加必要的质量符合性成本，减少质量损失。

5.2.4 进度符合度

（1）定义

项目进度符合度是衡量项目实际进度符合进度基准要求的程度。

进度基准是经过批准的进度模型，只有通过正式的变更控制程序才能进行变更，用作与实际结果进行比较的依据。进度基准包括基准开始日期和基准结束日期。由于项目相关方需求变化、项目不确定性等，只有经过项目相关方接受和批准，才能变更项目进度计划、项目管理计划。

项目进度符合度评价的内容包括：进度偏差、进度绩效指数。

（2）输入

项目管理计划、项目进度计划、项目进度基准、项目范围基准、项目范围说明书、项目工作分解、项目合同、项目进度策划。

（3）技术、方法、工具

进度符合度评价可综合采用专家判断、数据分析、偏差分析、挣值分析、趋势分析、预测、储备分析、资源优化、项目管理信息系统、审计、决策等手段。

进度偏差 SV 是测量进度绩效的一种指标，表示为挣值与计划价值之差。它是指在某个给定的时间点，项目提前或落后的进度，给出项目与计划交付日期相比的亏空或盈余量，即进度偏差 SV ＝已完成工作的价值 EV－计划完成工作的价值 PV，正值表示比进度计划提前，0 表示按进度计划执行，负值表示比进度计划滞后。

进度绩效指数 SPI，是测量进度效率的一种指标，表示为挣值与计划价值之比，SPI=EV/PV，反映了项目团队完成工作的效率。SPI 大于 1.0 表示比进度计划提前，等于 1.0 表示按进度计划进行，小于 1.0 表示比进度计划滞后。

（4）输出

进度偏差、进度绩效指数。

5.2.5　费用符合度

（1）定义

费用符合度是衡量项目实际费用与费用基准符合的程度。

费用基准是经过批准的、按时间分配的项目预算，是不同进度活动 / 工作经批准的预算的总和，只有通过正式的变更控制程序才能变更。

项目费用符合度评价的内容包括：费用偏差，费用绩效指数。

（2）输入

费用符合度的输入：范围基准、进度基准、费用基准、范围说明书、工作分解结构、项目合同、项目费用策划。

（3）技术、方法、工具

项目费用符合度评价可综合采用专家判断、数据分析、挣值分析、偏差分析、趋势分析、储备分析、项目管理信息系统、审计、决策等手段。

费用偏差 CV 是测量项目成本绩效的一种指标，表示挣值与实际费用之差。它是指在某个给定的时间点，项目节约或超支的费用，给出预算亏空或盈余量，即费用偏差 CV＝已完成工作的价值 EV−实际费用 AC，正值表示低于计划费用；0 表示按计划费用，负值表示超出计划费用。

费用绩效指数 CPI 是测量预算资源的费用效率的一种指标，表示为挣值与实际费用之比，CPI=EV/AC，反映了项目团队完成工作的成本效率。CPI 大于 1.0 表示低于计划费用（预算），等于 1.0 表示按计划费用（预算）进行，小于 1.0 表示超出计划费用（预算）。

完工偏差 VAC 分析是对预算亏空量或盈余量的一种预测，是完工预算与完工估算之差，表示项目完成时费用估算差距，VAC= 完工预算 BAC– 完工估算 EAC，正值表示低于计划费用，0 表示按计划费用，负值表示超出计划费用。

（4）输出

费用偏差，费用绩效指数。

5.2.6 人才成长

（1）定义

人才是项目团队完成项目范围、实现项目目标、项目成功的关键资源和核心因素。项目团队人才成长是项目的重要成果，可为组织的可持续发展奠定基础。

型号项目人才成长评价的内容包括：项目团队成员能力、高层次人才占比、人才晋升比例。

项目团队成员能力是指项目团队成员综合运用知识、技能和才能以达成项目预期的结果，知识是个人所拥有的信息和经验的集合，技能是使个人能够完成一项任务的特定技术能力，才能是在特定的环境中运用知识和技能实现有效交付成果的能力。个人的能力体现在知识、技能及通过实践而获得的才能。按照能力领域——项目、项目集群、项目组合，能力维度——环境能力（个人处理项目与环境关系的能力，是指可用于支持个人与环境交互的方法、工具和技术，以及引领个人、组织和社会发起或支持项目的理论依据）、行为能力（个人处理人际和社会层面问题的一种能力，是指在项目实施中，个人取得成功所需的行为方面和处理人际关系的能力）、技术能力（是指使项目成功而使用的具体的方法、工具和技术），能力层次——能力要素（5 个环境能力要素、10 个行为能力要素、14 个技术能力要素）和关键能力指标的综合判定评价项目团队成员能力。

高层次人才占比是指型号项目实施过程中项目团队培养和成长的人才，包括院士、“两总”、首席专家及航天项目实施单位级别以上专家在内的各类高层次人才的数量占型号队伍总人数的比重，反映型号项目团队人才培育的成效。

人才晋升比例是指型号项目团队人员中晋升人员数量占型号队伍的比例，反映型号人才队伍整体成才率。

（2）输入

人才成长的输入：人力资源管理计划，项目团队成员知识、技能、才能分析，项目团队人员总数量（包含团队技术人员数量、团队管理人员数量），项目团队高层次人才数量，项目团队成员晋升比例。

（3）技术、方法、工具

应用统计学方法，项目管理信息系统。

（4）输出

项目团队成员能力、高层次人才占比、人才晋升比例。项目人才成长评价以上述三个指标的综合加权得出。

5.2.7　项目相关方满意度

（1）定义

项目相关方满意度是指项目相关方对型号项目工作的整体认可程度。

相关方满意度是指相关方对其需求和期望得到满足的程度的感受。型号项目相关方满意度评价包括型号外部相关方满意度、型号内部相关方满意度。外部相关方主要包括：用户（顾客）、国家装备主管部门（军委装备发展部）、国家行业主管部门（国家国防科技工业局）、国家国有资产管理部门（国资委）等，内部相关方主要包括：航天项目实施主体的上级组织、航天项目实施主体［项目总承包单位（总体研究院）、项目总体组织（总体部、总体单位等）］、项目外包/分包单位、外协/外购单位等。型号内部顾客应包括项目总承包单位的所有供方。

（2）输入

外部相关方满意度，内部相关方满意度。

（3）技术、方法、工具

数据收集，统计分析。

（4）输出

满意度调查表，满意度监视和测量分析报告。

不同的项目相关方，其需求、期望、关注、作用、影响不一，项目实施单位应有针对性地开展满意度调查的策划、调查内容的选取、调查样本的确定，认真地进行反馈内容的分析和满意度结果分析，以期得到真实的相关方意见和期许。

5.2.8　价值创造

（1）定义

任何项目的实施，其最终目的是创造并产生价值，广义地看，应以项目创造的经济价值、社会价值、军事价值、生态价值、政治价值等衡量。

航天型号项目价值评价内容包括：核心技术拥有量、发明专利产出量、填补空白量、项目成果创造量、项目经济效益。

航天型号项目应关注核心技术的四个特性（领先性、不可替代性、价值性、可保护性）和三个约束（时间范围、区域范围、成熟程度）。

航天型号项目发明专利产出量以百万研制经费发明专利创造数量衡量。

航天型号项目填补空白量以型号填补国际空白、国内空白和行业空白数量衡量。

航天型号项目成果以项目产生的部级、国家级科技成果数量衡量。

航天型号项目效益以项目形成的经济效益规模（包括产值、利润）衡量，包括项目本身及其成果转化带来的效益。

（2）输入

项目价值创造的输入：核心技术预期及最终数量、发明专利数量、填补空白数量、项目科技成果、项目经济效益。

（3）技术、方法、工具

统计分析法。

（4）输出

核心技术拥有量、发明专利产出量、填补空白量、项目成果创造量、项目经济效益。

5.2.9　文化表征

（1）概念和内涵

航天型号项目文化表征是指航天型号项目创建的具有型号特色的项目价值观、行为规范和载体集合。

航天型号项目文化表征包括项目文化共享、协同组织文化、推进项目绩效实现。

（2）输入

中华文化，航天传统精神，“两弹一星”精神，载人航天精神，航天企业文化，型号价值观，型号精神，型号作风，型号行为规范，型号标识，型号载体。

（3）技术、方法、工具

数据分析、绩效分析、协同。

（4）输出

项目文化共享度、与组织文化的协同性、绩效保证的显著性。

5.3 项目管理可靠性

可靠性指的是在规定时间内完成规定任务的能力。为进一步阐明项目管理实施的可靠性和可信性，本书第一次在项目管理界提出了项目管理可靠性的概念，主要是从项目管理工作事项完成的数量标准、质量标准、时效性标准等方面衡量项目管理能力和水平。项目管理可靠性指的是在规定的时间内完成符合项目管理规定工作内容的能力。项目管理数量标准指的是项目管理工作内容是否覆盖项目管理全部范围，体现在项目范围说明书、项目工作分解、项目可交付成果等的完成程度；项目管理质量标准指的是项目管理工作内容是否符合规定的要求，体现项目管理成熟度等级及其水平；项目管理时效性标准指的是项目管理工作内容是否在规定的时间按时完成，体现在项目管理计划、项目子管理计划等是否按时间基准完成。根据项目特征、目标、要求等的差异性，项目管理数量标准、质量标准、时效性标准的权重会有差异。

5.4 项目评价指标权重

本书采用德尔菲法计算权重。德尔菲法是征询专家意见，对专家意见进行统计、分析、归纳和综合，然后进行多次信息反馈、整合，使专家意见逐步收敛，从而得出正确结论的方法。德尔菲法设定权重的流程如下：

1）选择专家。专家来自项目相关方和独立专家，包括项目外部相关方、项目内部相关方、相关领域相关专家。

2）设计第一轮咨询表，并发放咨询表，见表 5-1~ 表 5-4。

表 5-1 一级指标重要程度分值咨询表

编号	一级指标	重要程度分值（f_i）
1	过程	
2	结果	

表 5-2　二级指标重要程度分值咨询表

编号	二级指标	重要程度分值（f_{ij}）
1.1	综合管理	
1.2	范围管理	
1.3	进度管理	
……	……	……
1.12	航天项目文化管理	
2.1	范围符合度	
……	……	……
2.9	文化表征	

表 5-3　三级指标重要程度分值咨询表

编号	二级指标	编号	三级指标	重要程度分值（f_{ijk}）
1.1	综合管理	1.1.1	制定型号综合管理规章制度	
		1.1.2	编制项目范围说明	
……	……	……	……	……
		1.1.7	安全管理	
……	……	……	……	……
2.9	文化表征	2.9.1	项目文化共享度	

表 5-4　四级指标重要程度分值咨询表

编号	二级指标	编号	三级指标	编号	四级指标	重要程度分值（f_{ijkl}）
1.1	综合管理	1.1.1	制定型号综合管理规章制度	（1）	型号章程	
……	……	……	……	……	……	……
1.12	航天项目文化管理	1.12.3	航天项目执行力	（3）	项目团队协同性	

其中，重要程度分值指各级指标相对于上级指标 / 总目标的重要程度，分值在 1~10 之间（取整），分值越大，重要程度越大。

当某级指标有且仅有一个时，该级指标的权重与上一级指标的权重相同，不用再进行重新打分。

3）回收第一轮咨询表，并进行统计分析。统计各专家重要程度打分的均值和标准差。

4）设计第二轮咨询表，并发放咨询表；与第一轮类似，不再赘述。

5）回收第二轮咨询表，并进行统计分析。统计各专家重要程度打分的均值和标准差。

6）确定咨询结果。经过若干轮咨询，专家意见将逐步收敛，当经过统计分析发现专家意见较为集中时，可以停止咨询。如果所有指标的标准差 $\delta_{n-1} \leqslant 0.5$，说明专家意见的平均偏差小于半级，因此，认为专家的意见较为集中，将专家意见的均值作为该指标重要程度的得分。将重要程度得分归一化，即为权重。对于一级指标，所得的权重即为该指标的权重。对于二级、三级和四级指标，归一化结果即为初始权重，然后转化为组合权重，见表 5-5~ 表 5-8。

表 5-5　一级指标权重

编号	一级指标	均值（X_i）	标准差（δ_{n-1}）	权重（w_i）
1	过程			
2	结果			

表 5-6　二级指标权重

编号	二级指标	均值（X_{ij}）	标准差（δ_{n-1}）	初始权重（w_{0ij}）	组合权重（w_{ij}）
1.1	综合管理				
1.2	范围管理				
1.3	进度管理				
……	……				
1.12	航天项目文化管理				

续表

编号	二级指标	均值（X_{ij}）	标准差（δ_{n-1}）	初始权重（w_{0ij}）	组合权重（w_{ij}）
2.1	范围符合度				
……	……				
2.9	文化表征				

表 5-7　三级指标权重

编号	二级指标	编号	三级指标	均值（X）	标准差（δ_{n-1}）	初始权重（w_{0ijk}）	组合权重（w_{ijk}）
1.1	综合管理	1.1.1	制定型号综合管理规章制度				
		1.1.2	编制项目范围说明				
……	……	……	……	……			
		1.1.7	安全管理				
……	……	……	……	……			
2.9	文化表征	2.9.1	项目文化共享度				

表 5-8　四级指标权重

编号	二级指标	编号	三级指标	编号	四级指标	均值（X）	标准差（δ_{n-1}）	初始权重（w_{0ijkl}）	组合权重（w_{ijkl}）
1.1	综合管理	1.1.1	制定型号综合管理规章制度	（1）	型号章程				
……	……	……	……	……	……	……			
1.12	航天项目文化管理	1.12.3	航天项目执行力	（3）	项目团队协同性				

一级指标权重计算：

首先，计算均值 X_i；

其次，计算权重 $w_i = \frac{x_i}{\sum x_i}$。

二级指标权重计算：

首先，计算均值 X_{ij}；

其次，计算初始权重 $w_{0ij} = \frac{x_{ij}}{\sum_j x_{ij}}$；

再次，计算组合权重 $w_{ij}=w_{0ij} \times w_i$。

同理，计算其他指标的权重。

5.5 项目综合评价

项目综合评价基于项目评价模型、项目评价指标体系、项目评价标准 / 规范等规则，按照项目评价要求，从项目时间、项目管理过程、项目管理结果三个维度实施项目评价，按照项目评价时间、项目管理过程、项目所处阶段和项目实施情况等，项目的评价范围、评价内容、评价指标等可适当裁剪或扩充。

项目综合评价总分设置为 1000 分。对于项目管理指标、项目结果指标，按照其指标权重将各被评价项换算到 1000 分量级相应得分值，即得到项目管理指标、项目结果指标的评分值。对应项目管理指标，将项目管理成熟度评价模型的四个等级赋分值和被评价项指标的可靠性加权综合获得项目管理指标被评价项的最终评分值。本书区别于一般 / 大多数评价模型把各被评价项设置为固定分值的做法，主要基于：1）不同类型项目的特征差异性，各评价指标不应统一固定权重和分值；2）即使是同类项目，由于项目实施主体的差异性、项目拥有资源程度的差异性、项目所在区域的差异化等，其被评价指标的权重和分值也应有差异。充分注重项目的特征差异和实际特征，采用实证研究和规范研究相融合的方法，这更符合被评价项目的真实属性和特征。

将项目各个被评价指标分为两类：评分项和扣分项。符合要求得满分，不符合要求扣分，扣分值根据被考核项不符合程度扣分，总得分为各指标得分总和减去扣分总和，即项目综合评价得分。

分析项目综合评价得分，既可获得项目管理评价情况，又可获得项目结果评价情况，还可知悉项目管理成熟程度、项目管理可靠性，也可清楚被评价项与要求真值的差异，可全面透视项目管理及项目结果的综合状况，既为项目管理改进、完善、提升提供了基础，又促进了项目目标实现，推动了项目成功。组织可在其各个项目评价的基础上，综合比较、分析，实施标杆管理，系统优化，帮助项目管理不断成熟，使组织走向卓越。

5.6　项目成功评价

今天，没有任何组织、个体不期望以成功的项目管理赢得项目成功。项目成功是指项目利益相关方对于项目管理成果的认可和欣赏，比“在规定的时间、预算内完成项目可交付物”更具挑战性。

项目成功（与项目的全局目标和长期效应有关，考虑效率和效果，具有广义性）包括项目管理成功（与项目流程有关，考虑效率）和项目产品（或项目结果）成功（与项目对象有关）。

项目成功关注硬指标（时间、成本、质量等）和软指标（利益相关者满意度、顾客需求、健康与安全、环境影响及商业价值、可靠性与可用性、文化协同度等）。

著名的项目管理学家科兹纳（Kerzner）博士对“项目成功”的定义做出了新的诠释：项目成功不仅要满足传统的项目时间、费用和性能等三大目标以及顾客或用户定义的质量标准，还要满足具有最少的或者双方同意的项目范围变更、没有干扰组织的企业文化或者价值观、没有干涉组织的日常工作进程等条件。

Chan A.P.C. 和 Chan A.P.L.（2004 年）认为多维度的项目成功标准应在时间、成本、质量的基础上增加使用者的期望、参与者的满意度、符合环境保护的要求、健康、安全以及具有商业价值等。项目成功标准的定义要站在组织战略的高度思考（关注组织长远的利益），要重视项目的技术风险（关注项目技术不确定性水平），要关注不同群体的利益

（关注项目参与各方的评价）。

成功的项目是在规定的项目范围、时间、预算、性能、质量等条件下完成预定目标。项目成功的标准已从古代（经验式）项目管理的“获得预期的项目成果”到近代（传统）项目管理的“实现预期的项目目标”发展到现代（新）项目管理的“让项目利益相关者满意”。项目成功通过项目和产品的质量、时间表、预算的依从性以及客户满意度水平等进行衡量；项目集的成功通过项目集向组织交付预期效益的能力以及项目集交付所述效益的效率和效果等进行衡量；项目组合成功通过项目组合的总体投资效果和实现的效益等进行衡量。

项目管理成功能够助推、支撑项目成功。项目管理成功不一定完全导致项目成功，项目成功时项目管理也不一定完全成功。项目管理成功不是项目成功的充要条件。良好的项目管理可以促进项目成功，不可能完全阻止项目失败。绝对的项目成功难以实现，感觉到（被感知）的项目成功居多。

悉尼歌剧院以长达 15 年的建设时间和 14 倍的原定预算完成，项目管理败笔，项目建设过程中颇受争议，但其却是举世闻名的极富艺术价值的建筑精品。

出色的项目管理应该是保持所有项目连续成功，让项目利益相关者满意。对于一个管理者而言，仅仅一个项目的成功并不能代表其项目管理能力的高低；对于一个组织而言，仅仅一个项目的成功也并不意味着整个组织项目管理模式、项目管理方法的成功，因为任何项目都有可能于一段时间内在组织正式的权威、特殊的条件保障、强大的行政干预等驱使下获得成功。

新全球项目管理成功因素模型包括全球项目管理维度 5 个：地理距离、多元文化合作、多语言交流、异步交互和跨组织关系；影响成功的主导因素 6 个（共 28 个因素，其中关键因素 15 个）：跨文化协作、全球交流技术、全球团队领导能力、冲突解决、全球交流策略、全球项目结构；新成功因素 3 个：跨文化谈判，全球团队协作和团队凝聚力，工作流程管理系统。

项目管理质量与其所在组织的文化和项目本身的文化休戚相关。实现高质量的、出色的、卓越的、成功的项目管理，根在项目团队领导及其成员，本在项目文化及其组织文化。

项目若能够做到：忠实履行项目承诺，充分体现项目诚信；完成项目范围，实现项目目标；可预期并满足或超越顾客、项目利益相关者的需求；项目变化是有计划的、可管理的；项目成员为在组织中工作感到自豪；不改变（促进、优化）组织文化，不影响组织其他工作的进行，项目必会保持永续成功。

科兹纳博士指出："肤浅地应用项目管理，即使持续很长时间，也不会达到什么出色的效果。相反，会导致重复错误，更糟糕的是，你所学习的正是你自己的错误而不是别人的错误（努力地、重复地把错误的事情做正确）"。实施项目管理战略规划，第一次、次次正确地做事、做正确的事、把正确的事做正确至关重要。

一般情况下，只有少数的项目能按原定的预期目标完成，目标的改变是不可避免的。目标改变的潜在破坏性不仅仅是对完成项目的信心，还可能是对整个项目本身。目标改变，必须被控制到最小程度，所需要的条件则要由项目经理和客户 / 用户来协商。

值得注意的是，一个项目成功了，并不意味着组织整体项目管理、项目所有要素管理、整体项目管理结果、项目管理所有单项结果都是成功的。出色的项目管理应该是确保组织所有项目都成功，并且能够保持项目在组织存续期内、项目交付运营期内持续成功。特别需要关注的是，任何一个项目都可以在特定时间内，通过有力强力控制、特别机制获得成功；或者说在项目生命周期内项目是成功的，但项目交付后，随着时间的推移，项目结果发生了变化，顾客、用户及项目相关方不满意了，偏离了成功内涵。为了保证所有的项目都获得成功，项目组织、项目团队、项目成员必须具有强烈的责任感、团队精神，具有良好的人格、智慧、眼量、涵养、气度和情怀，具有保证项目成功的素养、知识、履历、能力、水平。

由于要求不同、环境不同、时间不同、地域不同，不同的项目对成功的定义往往有所区别，如美国军工高技术开发项目对成功的定义包括了以下 12 个方面：

1）研制和生产迅速而稳定，前后连贯，形成一个统一过程；

2）工作班子精干，经验丰富，领导关系明确，管理层次简单（管理决策部门确定项目基本要求后，主要由各部门按分工实施）；

3）在整个研制与生产阶段坚持费用约束；

4）提出多种选择方案，关键技术要通过各种技术途径的比较和多家厂商的竞争，以降低技术风险，减少费用，提高性能；

5）要把降低单位生产成本和降低保障费用列为重要的设计要求；

6）要与未来的用户保持密切的联系，在项目早期阶段对项目性能、进度和费用进行平衡、协调尤为重要；

7）在系统和分系统层次都要制造样机，以便演示验证，保证其技术可行性，降低生产与保障费用；

8）及早进行广泛的试验与鉴定，包括由用户进行的早期使用试验与鉴定；

9）在早期研制阶段就要考虑为项目保障筹备经费；

10）研制时，尽可能充分地利用经过验证的技术、部件和分系统，待系统部署后再按预定的产品改进计划，对系统进行逐步改进、升级；

11）最大限度地利用民用部件、成熟分系统、技术标准与规范和通用、标准产品；

12）在对研制、生产和保障进行重大决策时，要把质量而不是把最低费用作为考虑的重点。

PMBOK 认为：确认项目是否成功是项目管理面临的最常见的挑战，好多项目相关方不愿回答、面对这个问题。

项目相关方必须对以下事项思考并达成共识：

1）怎样才是项目成功？

2）如何评价项目成功？

3）哪些因素影响项目成功？

项目成功应考虑以下要素：

1）完成项目效益管理计划；

2）达到论证中商定的财务绩效指标；

3）达到论证中的非财务目标；

4）完成组织从“当前状态”转到“将来状态”；

5）履行合同条款和条件；

6）达到组织战略、目的和目标；

7）项目相关方满意；

8）可接受的客户 / 最终用户的采纳度；

9）可交付成果整合到组织的运营环境中；

10）满足商定的交付质量；

11）遵循治理规则；

12）满足商定的其他成功标准或准则。

（1）项目管理成功

项目管理是完成项目范围、确保可交付成果、实现项目目标、保证项目成功的重要条件，但不是充分条件。总体上，项目管理成功应具备以下主要特征：

1）组织及项目团队重视项目管理，管理责任明确、落实，项目管理制度完整、充分，项目机制（教育培训、合作协同、过程控制、监督检查、评价激励等机制）健全、有效；

2）项目管理策划充分，项目管理计划及项目子管理计划系统、完整，随项目变化能及时变更、更新、完善；

3）项目管理内容全覆盖，项目管理整体、项目子管理工作事项的完成数量、完成质量、完成时效性符合要求、充分，达到规范级要求；

4）项目管理、项目子管理工作内容可度量、充分，2/3 以上项目子管理达到可度量级要求，项目追求卓越、自我优化、持续创新、不断提升；

5）项目要素管理协同并相互支持、促进；

6）项目管理信息系统平台能支撑项目过程管理需要，与项目产品实现过程协同、相互支持；

7）项目相关方对项目管理满意，项目相关方对项目管理结果满意。

项目整体管理及项目要素（子）管理成功均可按照上述准则判定。

（2）项目成功

项目成功是指项目相关方对于项目管理成果的认可和欣赏。项目成功包括项目管理成功和项目产品或项目结果成功。

一般认为，成功的项目是在规定的时间、费用和性能等条件下完成预定目标。项目成功应具备以下主要特征：

1）在约定时间期限内；

2）在预算费用和成本控制范围内；

3）满足设计要求，实现性能指标，具有技术含量，达到一定水平；

4）按项目范围说明书、项目合同等要求完成项目可交付成果；

5）被顾客 / 用户所接受；

6）一般不改变目标，若改变目标，必须达成一致意见；

7）尽量减少项目范围变化，或者使项目范围变化最少，并在项目范围变化上项目相关方达成共识；

8）组织实现绩效，项目实现目标，项目团队得到成长；

9）项目实现效益，实现商业价值，项目商业成功；

10）项目相关方满意；

11）项目及其产品安全，符合环境保护、健康、安全等法规；

12）组织、项目、项目团队未来受益；

13）不影响组织主要工作流程，或者不影响组织其他工作的进行；

14）不改变组织文化。

项目成功包括项目管理成功和项目结果成功。项目成功主要评价范畴为：

1）项目管理成功。

2）项目结果符合要求。项目范围符合度、项目技术符合度、项目质量符合度、项目进度符合度、项目费用符合度符合要求，满足项目范围说明书、项目范围基准、项目合同、项目可交付成果、项目管理计划、项目技术策划、项目技术基准、项目进度策划、项目进度基准、项目费用策划、项目费用基准、项目质量策划、项目质量基准等的要求。

3）项目相关方满意。

4）项目软实力提升。

项目成功标准的定义要体现战略性（关注项目效益与组织战略一致度、关注组织长远的发展）、风险性（关注项目不确定性水平、项目技术风险）、利益性（关注项目相关方的评价、项目不同群体的利益）。

项目管理成功如前节所述。项目结果包括项目范围符合度、项目技术符合度、项目质量符合度、项目进度符合度、项目费用符合度、项目人才成长、项目相关方满意度、项目价值创造、项目文化表征等九个主要方面。一般意义上，项目范围、技术、质量、进度、费用五个要素，应满足项目范围说明书、项目合同、项目可交付成果、项目管理计划、项目技术策划、项目进度策划、项目费用策划、项目质量策划的要求，符合范围基准、技术基准、进度基准、质量基准、费用基准规定，项目总体上符合要求，满足了项目成功的硬约束；项目相关方满意是对项目的最大挑战，它不仅要求项目相关方对项目管理满意，而且要对项目硬结果满意，某种意义上项目相关方隐形的、潜在的需求、期望还要得到满足，项目相关方才最终满意；项目人才成长、项目价值创造、项目文化表征是对项目成功的软约束，往往并没有绝对的标准，一般是期望这三个方面愈佳愈好，按照项目人才成长、项目价值创造、项目文化表征的评价标准，实现这三个方面的成功，其评价值至少要超过项目生命周期内项目所在组织这三项指标均值的 70%，同时达到项目预期指标值或者超过项目预期指标值的 80%。

考虑项目类型差异、项目特征差异、项目实施主体差异、项目资源拥有度、项目所在区域差异、项目文化差异、项目相关方需求和期望差异等要素，项目成功应具差异性，内涵须有所区分，项目相关方应构造适合项目特征、具有项目特色、权变的项目成功准则。

项目发起人，亦即组织顶层的项目管理负责人，对项目所在组织负责，负责项目治理工作。项目发起人应担当项目业务领导、项目变更控制者、项目决策者等至少三种角色，负责好领导责任、建构（建立项目团队并配置资源）责任、掌控责任等至少三种责任，有能力的发起人、积极有效的项目治理是项目成功的关键因素。

项目成功永无止境，永远在路上。项目成功不只是项目相关方对于项目管理成果的认可和欣赏。项目成功是项目组织、项目团队、项目相关方的一种使命、一种责任、一种担当、一份荣耀。项目成功的根源在于文化、靠谱的组织、特别能战斗的团队，基础在于项目经过充分论证形成的优化方案、系统的策划与缜密的计划、有序与有力的执行和监控、认真而负责任的收尾。

新时代，所有人需要学会运用项目思维方式，以在充满不确定性的世界中发现正确的项目；所有管理者需要提高项目管理能力，以迅速整合动态资源去实现项目目标；所有组织需要提升项目治理能力，以提供可信赖的项目管理生态（文化、制度、机制、环境、平台）。项目组织、项目团队、项目成员必须“做正确的事、正确地做事、把正确的事做正确”，戮力实现，保持项目持续成功。

附录　国内外项目管理成熟度、能力成熟度评价模型

VUCA新时代，充满竞争、变革、创新，发现正确的项目、提高项目管理能力、提升项目治理能力是必然要求。任何组织、项目、个人都期望组织成功、项目成功、个人成功、能力提升。它山之石，可以攻玉。本篇重点介绍一下国内外重要的项目管理成熟度、能力成熟度、风险管理成熟度等模型，供借鉴、学习。

一、K-PMMM模型

（1）模型简介

K-PMMM（Kerzner Project Management Maturity Model）模型由美国著名咨询顾问科兹纳博士于2001年在其著作*Strategic Planning for Project Management Using a Project Management Maturity Model*中提出。

科兹纳博士重新诠释了项目成功的定义：不仅要实现项目时间、费用和性能三大目标并让客户满意，还要使项目的进展具有最少的或者双方同意的范围变更、没有干扰组织的企业文化或者价值观以及工作进程等。这主要源于越来越多的企业开始由原来的面向职能、过程的管理转变为面向对象（即项目）的管理。因此，企业战略规划中项目管理这一环节就越发重要，企业项目管理能力的成熟与否直接影响到企业的战略目标的实现。

（2）模型架构

K-PMMM模型从企业的项目管理战略规划角度着手，像CMM一样分为五个层次，如图A-1所示。

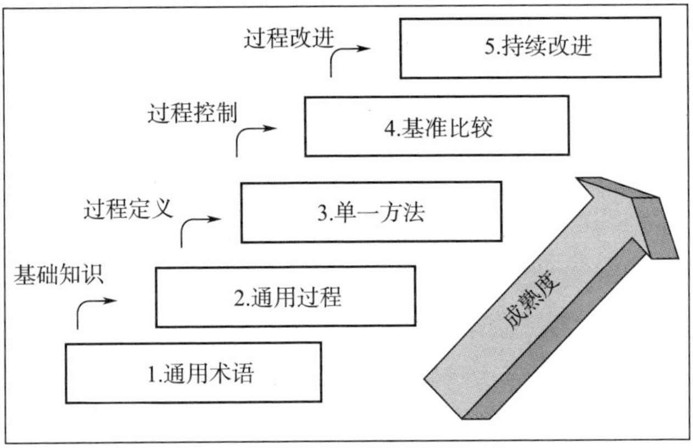

图 A-1　K-PMMM 模型的五个梯级

科兹纳项目成熟度模型分为五个梯级：

通用术语（Common Language）：组织了解了项目管理的重要性。在组织的各层次、各部门需要进一步了解、使用共同的项目管理基础知识，以及相关管理术语。

通用过程（Common Processes）：组织认识到自己需定义和建立通用过程。在一个项目上成功应用的管理过程，可重复地用于其他许多项目。

单一方法（Singular Methodology）：组织认识到了把组织所有方法结合成单一方法所产生的协同效应，其核心就是项目管理。用项目管理来综合全面质量管理（TQM）、风险管理、变革管理、协调设计等各种管理方法，以更好地控制项目。

基准比较（Benchmarking）：为了保持竞争优势，过程改进是必要的。将自己与其他企业及其管理要素进行比较，提取、分析比较信息，以项目办公室来支持这些工作，实现过程改进、完善。

持续改进（Continuous Improvement）：基于基准比较中获得的信息建立学习智库，组织经验交流，在项目办公室的指导下改进项目管理战略规划。

每个层次都有评价方法和评价题，可以汇总评价本梯级的成熟度，分析不足和制定改进措施，确定是否进入下一梯级。

（3）模型特点

该模型的应用采用了与众不同的问卷调查方法，分不同层次给出若干客观自我评价题。针对第一层次，有 80 道类似 PMP 考试的选择题；第二层次有 20 道评分题；第三层次有 42 道选择题；第四层次有 24 道评分题；第五层次有 16 道评分题。通过这些问题的回答，可以分析、整理、判断出企业项目管理中存在的问题，为改善和提高企业的项目管理水平提供了依据。

（4）模型用途

①层次重叠

科兹纳项目管理成熟度模型包含了五个层次，完成五个层次的顺序是不能改变的，但某些层次能够而且也应该重叠，重叠的程度取决于组织愿意承担的风险的大小。

1）第一层次与第二层次的重叠：这种重叠能够发生。因为无论是在通用术语的精炼过程中还是在培训过程中，组织都可能开发项目管理通用过程。

2）第二层次与第三层次的重叠：这种重叠不能够发生。第二层次被完成之前就开始第三层次的某些工作一般不大可能，一旦某个公司认可单一方法，那么在其他方法上的工作一般就终止了。

3）第三层次与第四层次的重叠：这种重叠发生是因为，当组织还在开发单一方法的时候，用于改进方法过程的开发计划也正在编制之中。

4）第四层次与第五层次的重叠：当组织越来越赞成基准比较和持续改进时，组织想进行变革的速度，可能会造成两个层次有较大的重叠。另外，从第五层次到第四层次和第三层次存在反馈机制，这就意味着这三个层次可以形成一个连续的改进环，而且，这三个层次重叠在一起是有可能的。

②风险

科兹纳项目管理成熟度模型各个层次都会有风险，风险可以分为低、中、高三类，主要是看企业文化的改变对于公司造成的影响。

低风险：对企业文化可能没有实质性的冲击，或者组织文化是动态的，能很容易地接受变革；中风险：组织意识到变革是必需的，但可能不知道变革带来的冲击；高风险：当组织意识到，实施项目管理所导致的变革将引起企业文化的变化时，高风险也就将随之而来。

在成熟度模型五个层次中，第三层次具有最高的风险，因而对组织而言，它具有最高的难度，见表 A-1。

表 A-1　与科兹纳项目管理成熟度模型相关的难度

层级	描述	难度（风险）
第一层次	通用术语	中
第二层次	通用过程	中
第三层次	单一方法	高
第四层次	基准比较	低
第五层次	持续改进	低

一旦组织顺利实施了第三层次，那么后续的高层次成熟度所需的就是时间和努力，难度已经大为减小。然而要实现第三层次，可能需要企业文化做出重大的转变。

二、P3M3 模型

（1）模型简介

P3M3（Project，Program，Portfolio Management Maturity Model）是英国政府商务部（OGC）项目组合、项目群和项目管理成熟度模型，它由英国政府商务部开发，是行业公认的制定基线、衡量绩效改进和验证投资成效的最好办法。多年实践证明，采用 P3M3 作为诊断工具来评价组织能力，能更快地识别出改进机会，更好地帮助组织改善绩效。

英国政府商务部（OGC，现更名为英国内阁办公室）于 2005 年发布了 P3M3，旨在帮助公共部门提高采购的标准和能力。2008 年 6 月发布了第二版本。2010 年 2 月，英国内阁办公室发布了最新版本 2.1。新版本跨越多个行业的项目群管理的成熟度知识，并介绍了项目组合管理的定义。它与较早的版本完全兼容，所以那些已经采用第一版本的

P3M3 模型进行评价的组织将能够从改进的模型评价中看到现在的改进计划的影响。

（2）模型架构

P3M3 模型包含 3 个独立子模型，7 个评价维度，5 个成熟度级别。3 个独立子模型，即项目组合、项目群和项目管理成熟度模型。每个模型都有支撑体系的方法论，比如，项目管理模型就是基于《最佳实践指南》和 OGC 的《PRINCE2 手册》开发的。

（3）模型 7 个评价维度

①管理控制

它涵盖了提案的内部各种控制机制及其在整个生命周期中是如何保持运行方向的，包括控制主体在需要时能恰当停止或改变其方向的恰当的制动点。

管理控制的特征是：提案全生命周期中的领导、方向、范围、阶段以及项目群阶段、评审过程。应存在定期的核查点和清晰界定的决策过程。应具备完整和清晰的目标，提案将交付什么应得到完整和清晰的描述。提案应清晰地描述产出；如果是项目群，应有蓝图（或目标运营模型）并界定了成果；如果是项目组合，应有组织蓝图（或目标运营模型）。

各种内部结构应整合以达成上述特征，控制的焦点是在容许偏差和边界范围内实现它们——容许偏差和边界由控制主体设定，并反映了更广泛的组织需求。问题应得到识别和评价，处置方法应采用结构化流程并进行恰当的影响评价。

②收益管理

作为一个过程，收益管理是要确保预期的商业变革成果得到了清晰的界定，可以测量，确保其通过结构化的方法最终得到实现，并且在组织范围内有最终问责人。

收益应由负责交付它们的组织单元进行评价并批准。各项收益之间的依赖关系及其他需求应清晰地界定，提案产出的方式应满足这些需求。收益应恰当分类并从总体上考虑其含义，应具备相关证据。所有的收益都应该有最终问责人，应具备实施计划，并得到积极管理以确保其实现。运营方面的转变应得到关注，后续行动也应得到充分考虑，以确保组织对这些收益负最终责任并积极实现它。

③财务管理

财务是一项基本资源，对于提案的启动和控制来说会是一个关注焦点。财务管理确保提案所有可能的成本在正式的商业论证中均得到捕捉和评价，在整个投资周期内成本均被分类和管理。

应有证据表明组织的财务部门恰当地开展了工作，在更广泛的组织层级中，审批机制是明确的。商业论证或类似工作应为组织界定提案的价值，应该对可能的选择做出财务判断。就一个提案的生命周期而言，商业论证是决策的关键，它也关系到正式的评审阶段和其他替换行动的成本与收益。财务管理将对资金可用性进行计划，以支持投资决策。

④利益相关方参与

对任何提案来说，利益相关方都是成功的关键因素。不同层次的利益相关方，不管是组织内部的还是外部的，都需要进行分析并使之有效地参与进来，以便达成其支持和参与的目标。利益相关方参与涉及制定沟通计划、有效识别并采用不同的沟通渠道，以及促成目标的技巧等。

利益相关方参与应视为所有提案均不可缺的过程，并且始终与提案生命周期和治理控制机制有着内在联系。

⑤风险管理

它关注的是组织对于提案所面对威胁、所提供机会的管理办法。风险管理在威胁和机会之间取一个平衡，采取恰当的管理举措降低或消除任何已获识别威胁发生的可能性，或一旦发生则降低其影响，放大机会。它关注影响到提案的各种类型风险，包括内部和外部风险，并会重点监控产生风险的触发因素。

应创新且积极地应对风险，采取各种办法降低威胁、扩大机会。提案生命周期里应包含风险评审，应具备支持流程和结构以确保容忍度恰当、依托证据进行干预和变更来管理风险。

⑥组织治理

它关注提案的交付是怎样服务于组织的战略方向的，包括启动和收尾控制机制是怎样应用于提案的，在其整个生命周期中提案又是怎样保持方向的。这有别于管理控制，后者关注提案在内部是怎样控制的，而组织治理维度关注的是外部因素对提案的影响是如何得到控制（或减轻）、促进最终结果的。有效的发起方式有利于其实现。

组织治理也关注组织的其他控制机制是怎样部署、标准是如何实现的，这包括法律方面和规范框架方面。它也考虑对利益相关方参与的分析层级、需求如何纳入产出及成果设计和交付的分析层级。

⑦资源管理

资源管理涵盖了为实施所需的各种类型资源的管理，包括人力资源、设施、设备、供应商、信息、工具和支持团队等。资源管理的关键因素是获取资源的过程和供应链及怎样提高资源利用的效率。应有证据表明开展了能力规划和排序，才能进行有效的资源管理。绩效管理和机会挖掘也应得到开展。资源能力规划应考虑到运营方面为变革所储备的资源。

（4）成熟度级别

第一级，初始级（Awareness of process），组织知晓项目，具有流程管理的初步认识，未建立架构。

第二级，可重复级（Repeatable process），组织有了流程，流程具有可重复性。

第三级，已定义级（Defined process），组织流程已经得到定义，保持了持续性。

第四级，可管理级（Managed process），组织进行了流程评价，可管理，但是流程改进仍然是被动的。

第五级，可优化级（Optimized process），组织进行了流程优化与改进，流程改进是主动的。

（5）模型用途

1）对标一个标准而非其他组织；

2）有助于判断达成愿景所需的能力级别；

3）关注的是组织成熟度，而非个人、项目或者项目群；

4）根据成熟度路径，为组织提供客观的劣势与优势评价；

5）为进一步投资于项目群和项目管理的基础设施提供论证；

6）有利于对后续进展的规划。

三、蜘蛛网模型

（1）模型简介

维也纳工商管理和经济学院的项目管理组为自我评定和为组织的项目管理能力进行标杆管理开发了项目管理模型，即蜘蛛网模型（见图 A-2）。

（2）模型架构

模型将项目管理过程分为项目启动、项目控制、项目协调、项目中断管理、项目收尾、项目管理过程设计六个方面。

模型多维地展示了项目管理能力，将不同项目管理子过程的成熟度形象化。一个组织或一个业务单元的项目管理能力由连接蜘蛛网上六个项目管理子过程项目管理能力点所构成图形的面积表征。

模型对项目管理子过程定义了 4 个能力水平，即：0 =未确定，为少数项目使用少数的项目管理方法。1 =部分确定，为许多项目使用少数的项目管理方法。2 =确定，为许多确定的项目类型使用许多项目管理方法。3 =已标准化，为所有确定的项目类型使用所有要求的项目管理方法。

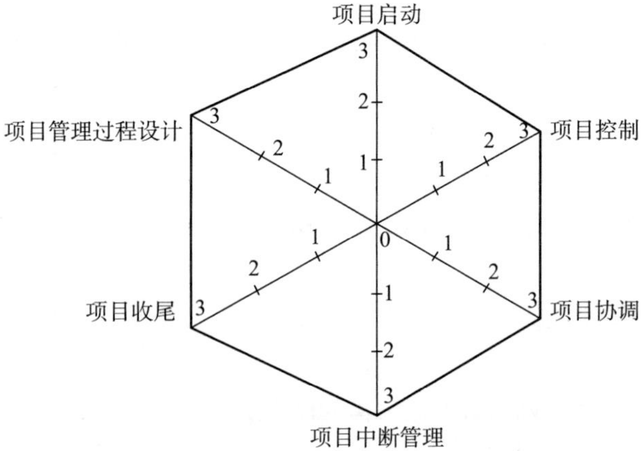

图 A-2　组织项目管理能力的蜘蛛网表现

（3）模型应用

组织项目管理能力的评定基于信息技术支持的问卷调查，对不同的项目管理子过程，因其对项目绩效的不同影响赋予了不同权重。项目启动过程的结果是所有其他子过程的基础，结果最重要。

四、（PM）2 模型

（1）模型简介

（PM）2（Berkeley Project Management Process Maturity Model）模型由 Young Hoon Kwak 博士和 C.William Ibbs 博士联合开发，（PM）2 模型提供了一套系统的、递增的方法，从非成熟、无经验、不完善的层次推进至成熟的层次。每一成熟度层次包括 PM 主要的特点、因素、过程。

（2）模型架构

（PM）2 模型综合了先前成熟度模型开发特征，用于测评不同的组织和行业项目管理层次，模型提出了一系列步骤，有助于组织增量性地改革组织整体的项目管理效果。（PM）2 模型包含 5 级项目管理成熟度层次，采纳 PMI 项目管理知识体系，把项目管理过程和实践分解成 9 个项目管理知识区域和 5 个项目管理过程（见图 A-3）。每一项目管理成熟度层次都含有项目管理的关键过程、组织特点和关键区域。

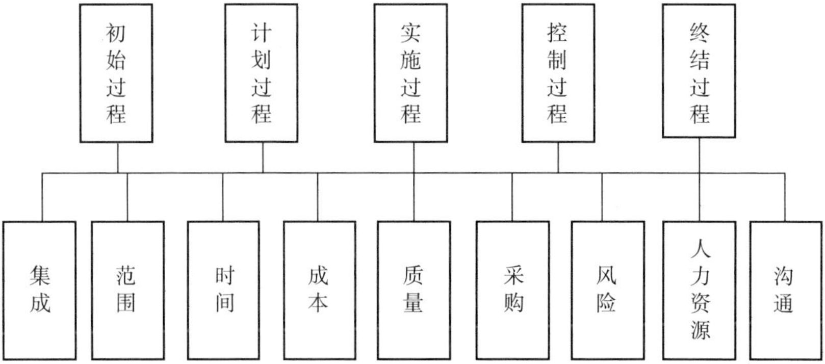

图 A-3　项目管理过程与项目管理知识区域

（3）模型特点

（PM）2 模型采用系统和增量的方法，鼓励组织和员工争取更高的项目管理成熟度。评价的结果有助于组织提出建议，改进组织对项目管理专业技术的应用，提供并指导获取项目管理成熟度高一层次所必需的过程和要求。5 级的（PM）2 模型见表 A-2 和图 A-4。（PM）2 模型主要用途是给那些应用项目管理（PM）实践和过程的组织作一个参考点或尺码。（PM）2 模型及其评价方法已经成功地应用到不同的组织和行业中，并被证实非常有效。

表 A-2 （PM）2 模型关键 PM 过程、组织主要特征和关键重点区域

等级	关键 PM 过程	组织主要特征	关键重点区域
第五级	持续改进 PM 过程，完全知晓 PM 过程，优化并保持 PM 数据	项目驱动型组织，组织动态调整、充满活力、灵活能应变，能持续改进 PM 过程和实践	以创新理念改进 PM 过程和实践
第四级	实施多 PM，一体化 PM 数据和过程，量化分析、测量和储存 PM 过程数据	项目团队协同工作能力强，实施规范的项目管理培训	以专业化方式计划和控制多项目
第三级	实施了规范的项目执行和控制系统，实施了规范的 PM 数据管理	项目团队导向（中等），实施不规范的 PM 技能和实践培训	对单个项目实施系统的、结构化的项目计划和控制
第二级	定义了不规范的 PM 过程，识别了不规范的 PM 问题，收集了不规范的 PM 数据	项目团队导向（弱），组织在从事相似类工作时有优势	实施了单个项目计划
第一级	没有持续实施有效的 PM 过程或实践，没有持续实施 PM 数据收集和分析	职能部门不沟通，项目管理缺少高层管理支持，项目成功取决于个人的努力	理解并建立基本的 PM 过程

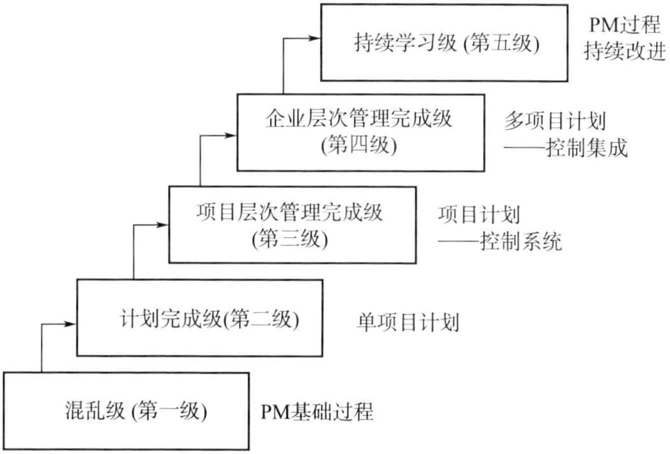

图 A-4　项目管理过程成熟度模型

（4）模型用途

①初始过程

已认识到项目或项目的相应阶段应该开始，项目团队应着手工作，包括开发和编制项目建议书、分析研究项目可行性，如可行应尽早生效。第一级，参与的组织没有初始计划和过程，未编制项目建议书。其结果是参与组织既无建议书，也无批准书送达。第二级，参与组织只有非正式的项目建议书计划。第三级，参与组织有正式的建议书并受到正式审议和评价。第四级，项目建议书开发过程得到综合集成，可以管理多个项目。第五级，初始过程得以优化，项目管理过程在组织中得到持续改进。

②计划过程

导向开发和维护一个切实可行的计划方案，完成项目的商业需要，包括确定总体范围，说明计划策略，开发成本和进度的工作分解结构，精化预算，分析委托事项，优化项目设计，开发项目风险管理计划，组织项目团队，建立以项目为驱动机制的组织环境。第一级，没有正式的计划过程，通常没有范围计划、进度计划、成本计划、质量计划、人力资源计划、沟通计划、风险计划和采购计划。第二级，开发了非正式的进度计划，确定了非正式的成本预算过程。在开发和计划关键的项目管理方法区，组织只受到非正规培训。第三级，采用正规的项目管理工具和技术来管理计划过程，项目团队积极参与，为计划过程提供建议。第四级，关键项目管理知识区与计划过程进行综合集成。第五级，计划过程得以优化，项目管理过程得到持续改进。

③执行过程

将一个组织与其他资源协调好，有效地实施项目。第一级，没有项目计划执行过程，项目范围没有证实，项目团队也没有开发和组织起来。第二级，组织已有了非正式的项目计划执行过程，合同管理和信息发布过程也是非正式确定。第三级，质量保证过程对项目实施进行管理，项目团队积极参与，对实施过程提供意见。第四级，项目计划、范围证实、团队发展、质量保证、信息分布、合同管理等实施过程进行综合集成。第五级，实施过程得到优化，项目管理过程得以持续改进。

④控制过程

采用检测进度，采取修正举措来确保项目目标的实现，包括收集项目进度状况、分析差异、沟通项目状况等。第一级，项目控制过程没有确立控制—变化体系。其结果是项目进程状况既没有收集，也没有标注更新。第二级，已确定非正式的项目—变化—控制过程，差异被非正式鉴定，用以测定缘由和对整个项目实施的影响。第三级，项目计划和适应性措施对项目实施数据进行控制，项目团队积极参与，对控制过程提供措施和修正。第四级，对项目实施数据的收集、差异分析、状况更新等进行综合集成。第五级，控制过程得到优化，项目过程得以持续改进。

⑤终结过程

确保工程项目验收，正式终结，并形成书面文字，使一个项目或项目的某一期有序正式终结，包括合同（双方或多方）执行完毕，工程经验、工程教训学习的文件编制、管理终结。第一级，没有正式的结束所有交接的终结过程，无合同执行结束过程，工程文件记载没有收集，没有分类，更没有储存。第二级，明确了非正式的结束过程，整个项目管理过程的关键性技术和质量进行了非正式审议。第三级，完成所有的终结活动，工程文件已经储存，并得以管理。项目团队积极参与，对项目管理方法提出总结建议，并将项目管理最好的方法编制成文。第四级，合同执行终结，管理执行终结，工程文件编制并综合集成。第五级，项目终结过程得到优化，项目管理过程得以持续改进。

五、PMS-PMMM 模型

（1）模型简介

PMS-PMMM 模型是由美国项目管理解决方案公司（Project Management Solutions，Inc.）于 2002 年制定的 5 级项目管理成熟度模型，国际上称为 PM Solutions 模型或 PMS-PMMM 模型。

PMS-PMMM 模型最初分为 8 个级别，目前已改为 5 个级别，从项目管理的 9 大知识范畴分别评级。PM Solutions 公司商业实习中心（The Center for Business Practices）对 126 位高级项目管理从业者的调查结果表明，企业处于项目管理成熟度阶梯的底档。被调查者认为企业项目管理成熟度的平均级别是 2.40 级，而其实际结果却是 1.18 级；总体上来说，不同企业规模，其成熟度几乎没有差别，只是小企业在商业需求定义上不太成熟，而大企业则在项目计划开发上不太成熟等。

（2）模型架构

PMS-PMMM 模型分为目标层、准则层和指标层 3 个层次。目标层表征评价指标为项目管理成熟度，准则层包括项目管理 14 个评价要素，指标层把准则层 14 个评价要素细化分解成 64 个指标。据此设计问卷，并进行调查。问卷采用 5 级测量方式，从非常不重要、不重要、一般重要、比较重要到非常重要 5 个选项。调查结果经过统计分析、信度与效度检查，剔除不重要的要素。

PMS-PMMM 模型维度 1 是成熟度等级，分别为：初始过程、结构化与标准过程、组织标准与制度化过程、已管理过程、优化过程，5 个等级相当于 5 个阶梯，反映了项目成长的进程，从第一级跃上第二级的特征是了解基本知识，第二级跃上第三级的特征是定义和规范过程，第三级跃上第四级的特征是过程成熟化，第四级跃上第五级的特征是实现过程优化；维度 2 是项目管理要素，即范围管理、时间管理、成本管理、质量管理、人力资源管理、采购管理、沟通管理、风险管理、集成管理。

六、KM-PMMM 模型

（1）模型简介

KM-PMMM 模型是由澳大利亚克纳谱和摩尔私人有限公司（Knapp & Moore Pty Limited）在 2000 年开发的 4 级项目管理成熟度模型。

（2）模型架构

KM-PMMM 模型从企业项目管理战略规划的角度着手，分为 4 个层次，即摸索级、觉醒级、决胜级、最佳方法级。在不同层次设计了若干客观自我评价题。针对第一层次（摸索级），有 80 道类似 PMP 考试的选择题；针对第二层次（觉醒级），有 20 道评分题；针对第三层次（决胜级），有 42 道选择题；针对第四层次（最佳方法级），有 24 道评分题。

七、MF-PMMM 模型

（1）模型简介

MF-PMMM 模型是由美国微构技术有限公司（Micro Frame Technologies，Inc.）和项目管理技术有限公司（Project Management Technologies，Inc.）开发的 5 级项目管理成熟度模型，国际简称 Micro Frame 模型或 MF-PMMM 模型。

（2）模型架构

MF-PMMM 模型主要为美国微构技术有限公司提供技术项目管理服务。该模型从企业技术项目管理战略的角度着手（技术项目设想阶段—启动阶段—开始阶段—进行阶段—结束阶段），分为五个层次：第一层次（混乱级），第二层次（简洁级），第三层次（组织级），第四层次（管理级），第五层次（持续级）。

八、James & Kevin 模型

James & Kevin 模型提供了一个框架，使得组织能够与最好的企业

或自己的竞争者相比较，最终确定一个结构化的改进路线。

模型设置为两维，第一维采用 SEI 的五级成熟度，第二维是描述项目管理的关键领域，采用 PMI 的 9 个领域。

九、Jugdev & Thomas 的 PMMM 模型

Jugdev & Thomas 的 PMMM 模型从 SEI 的 CMM 模型借鉴而来，分五个梯级。

第一级，就事论事的应对（Ad-hoc）；

第二级，程序规范化办事（Repeatable）；

第三级，组织化的管理（Organized）；

第四级，整体化的管理（Integrated）；

第五级，可持续改进（Sustained）。

十、P2M 模型

（1）模型简介

P2M 模型是由日本工程发展协会（ENAA）开发的项目管理模型，得到日本政府部门的大力支持并在日本广泛应用，是世界上第一个企业项目（群）管理方法。

（2）模型架构

P2M 模型结合日本企业实际，从一个全新的企业角度而不是从传统项目的角度来进行项目（群）管理，着眼于培训具有宽广视野和较高视点的高级人才。

与美国项目管理指南不同的是，P2M 更加强调打破项目管理现状，进行变革创新和实践能力的培养，通过管理创新、系统创新和应用创新三者结合来实现新型商业模型的构建。

打破现状，项目变革、创新是基于计划型项目群的集成管理，该集成管理包括与当前知识社会的基础密切相关的分组项目、商业构想、发展战略、组织结构、应用平台、价值评价等部分，实践能力则划分为目标、费

用、信息、沟通等 11 个子管理类别，如图 A-5 所示。

图 A-5　P2M 模型项目管理结构塔

十一、ERMMM 模型

（1）模型简介

ERMMM（Enterprise Risk Management Maturity Model）模型即企业风险管理成熟度模型，是符志民于 2006 年开发的企业风险管理成熟度评价模型。模型针对企业风险管理状况，基于风险因素、风险管理要素和成熟度等级创建企业风险管理成熟度评价体系，旨在提供企业风险管理目标指引，指明企业风险管理活动改进途径，助推企业风险管理水平提升。

（2）模型架构

ERMMM 模型构建坚持系统性、科学性、逻辑性、适用性、操作性等原则。模型架构设计为四个层次，包含等级目标、关键域、特定与类属目标、关键实践。ERMMM 评价要素及指标结构如图 A-6 所示。

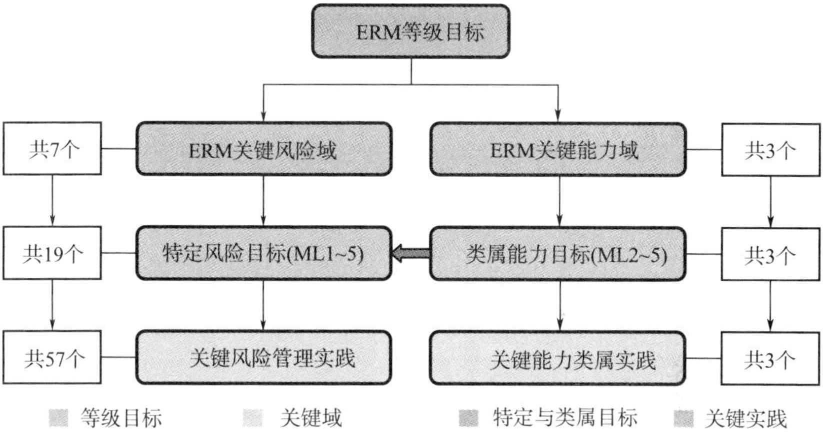

图 A-6　ERMMM 评价要素及指标结构（见彩插）

第一层次为等级目标层：评价的目标是企业风险管理成熟度等级。

第二层次为关键域层：对企业风险管理成熟度要素类型进行识别与分析。确定了两类共十种要素作为评价的二级指标，包括如下内容：

七个关键风险域：战略决策风险、产品实现风险、人力资源风险、市场营销风险、财务运营风险、外部环境风险和整体协作风险。

三个关键能力域：风险过程管理能力域、风险人员管理能力域、风险制度管理能力域。

第三层次为特定与类属目标层：对七个关键风险领域层的指标进一步细分为 19 个特定风险目标，贯穿一至五等级；对三个关键能力领域层的指标进一步明确其组织内部具有共同特性的目标，贯穿二至五等级，即类属能力目标，其中由于处于第一等级的企业风险管理混乱，因而这一等级的关键能力类属目标一般不做要求。

第四层次为关键实践层：由关键风险管理实践和关键能力类属实践

构成。关键能力类属实践是对企业组织在制度、人员、过程三个能力类属目标的执行和实现中所提取的关键实践内容。关键风险管理实践是三个类属能力目标针对 19 个特定风险目标而提取用以具体评价企业对各风险因素管理水平的 57 个关键实践内容。

指标的设计主要依据企业风险管理中关键风险因素和关键能力要素的具体内容，同时借鉴了 CMM（能力成熟度）和 PMMM（项目管理成熟度）两类发展较为成熟并具有代表性的成熟度模型的评价测试指标，企业风险管理成熟度四级指标体系如下：

①一级指标

A——企业风险管理成熟度等级目标（五个等级）。

②二级指标

B1——关键能力域（3 个），B2——关键风险域（7 个）。

③三级指标

C——特定能力目标（3 个）：

C01——RM 过程方面；C02——RM 人员方面；C03——RM 制度方面。

S——特定风险目标（19 个）：

S01——决策能力风险；S02——决策依据风险；S03——技术应用风险；S04——质量控制风险；S05——资源保障风险；S06——人岗配置风险；S07——绩效管理风险；S08——需求预测风险；S09——营销渠道风险；S10——营销人员风险；S11——筹资风险；S12——投资风险；S13——运作成本风险；S14——自然风险；S15——政策法律风险；S16——经济环境风险；S17——供应商选择风险；S18——沟通管理风险；S19——信息安全风险。

④四级指标

四级指标由 3 个类属能力目标要素（三级指标）和 19 个特定风险目标要素（三级指标）组合生成 57 个关键管理实践要素（四级评价指标）。

ERMMM 将企业风险管理成熟度划分为五层，如图 A-7 所示，根据风险管理的特点每个等级定义如下：

第一级：初始级，这是企业风险管理的最低级别。

初始级企业风险管理过程是未加定义的随机过程，该过程的执行是不成熟的，无序的，甚至是混乱的，“不确定性”和“不可预测结果”为此等级的主要特征。在这个等级，企业在很少的相关运营环节上，针对风险进行了有意识的识别、评价和控制，还没有形成普遍被接受的经验；企业没有专门设置管理风险源的责任人，其管理责任由很少的相关管理人员自觉承担，其他人员没有意识也不承担风险的管理任务；企业没有针对风险源建立风险管理制度的意识，风险的管理完全依赖管理者的个人责任心和努力程度。

第二级：可重复级，这一等级的最大特征是安排了兼职的机构来进行风险管理。

可重复级企业已经意识到风险必须加以管理，以充分提高企业抵抗风险的能力，安排兼职的管理部门进行风险管理，开始有意识地进行风险的收集和积累，被收集和积累的部分风险管理方法和措施可供重复使用，但是使用的程序仍然比较混乱。具体表现在：企业在较少的相关运营环节上，针对风险成功地进行了识别、评价和控制，并已有一些普遍被接受的经验；企业设置了针对风险源的兼职责任人，其管理责任主要由较少的相关管理人员自觉承担，其他人员不关心也不承担风险的管理任务；企业已有针对风险源建立风险管理制度的意识，风险的管理主要依赖于管理者的责任心和已有经验。

第三级：已管理级，这一等级最大的特征就是建立了专门的风险管理机构，并形成风险管理文档。

已管理级企业建立了专门的风险管理部门，其风险管理过程已经文档化，被用来帮助风险管理部门和人员，使其工作得更有效。在这个等级，企业在很多的相关运营环节上，已基本实现了对风险识别、评价和控制的有效性，并不断提高对该类风险成功管理的可靠性；企业成立了风险管理部门并专设了针对该类风险源的责任人，其管理责任主要由较多的相关管理人员义务承担，其他人员有风险管理意识并自觉对该类风险进行辅助管理；企业建立了包含该类风险源的风险管理制度，管理者能够依据管理条文，较好地执行该类风险的管理任务。

第四级：精确管理级，这一等级最大的特征就是形成可量化的风险管理方法。

精确管理级企业为风险管理过程制定了量化的指标。风险管理活动是具有精确定义、连贯循环的量化的活动方式。这些评价方法为评价企业风险管理能力提供了一个量化的基础。企业在很多的相关运营环节上，已基本实现了对风险识别、评价和控制的有效性，并不断提高对风险成功管理的可靠性；负责风险源管理的责任人直接受命于风险管理部门主管，很多相关管理人员承担风险管理责任，较多的员工主动探讨风险管理经验并愿意负有风险的管理任务；企业形成了包含风险源的较完善的制度体系，风险的管理任务能在制度的规范和引导下实现有效控制。

第五级：持续改进级，这一等级是风险管理的最高级别，最大的特征就是企业能够自我优化，不断创新。

持续改进级企业几乎在所有相关运营环节上，针对风险已达到了理想的识别、评价和控制效果，并不断减少管理成本和提高管理效益；负责风险源管理的责任人兼负有指导其他职能部门主管实现部门目标的义务，风险管理部门成为企业的核心部门，几乎所有的相关管理人员承担风险的管理责任，几乎全部员工积极自愿地主动担负力所能及的风险管理义务，形成了主动管理风险的文化氛围；企业依据新环境不断发展和完善包含风险源的制度体系，使其更加适合于企业未来进一步的发展需要。

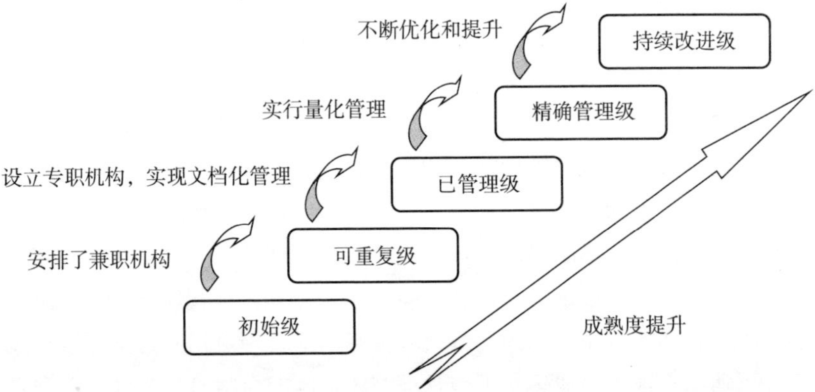

图 A-7　企业风险管理成熟度等级

企业风险具有客观性、普遍性、随机性、多样性、不确定性和潜在性等特征，存在诱惑效应、约束效应和平衡效应，企业风险管理能力和水平对企业生存、发展的制约和影响已经受到广泛关注并形成普遍共识，国内外众多企业由于风险管理意识薄弱、风险管理和应对能力不足而破产、倒闭、衰败的案例不胜枚举。因此企业应强化企业全员风险意识，培育优良的风险管理文化，系统推进企业全面风险管理；企业风险管理成效的有效提高依赖于必要的风险管理机制，应规范企业风险管理规章制度，建立包括预警防范机制、监督审核机制和评价激励机制等在内的有效风险管理机制；卓越的风险管理绩效需要企业借助各类风险管理载体得以实现。企业应构建由风险管理体系、管理机制和管理模式构成的风险管理载体，激励全员参与，实施全过程动态风险管理，提升企业风险管理能力和水平，实现风险管理的预期绩效。

十二、组织项目成熟度模型

（1）模型简介

组织项目成熟度（Project maturity in organisations）模型由挪威 Erling S. Andersen，Svein Arne Jessen 于 2002 年提出，模型以调查项目相关方在项目管理知识、项目管理态度和实际项目实践（行动）方面的差异来测试项目成熟度。

（2）模型架构

组织项目成熟度模型从对项目的态度、知识、行动三个维度表征项目成熟程度。

对项目工作的态度包括：1）对风险和不确定性的态度（避免不确定性）；2）对权力共享和责任担当的态度（权力距离）；3）对软、硬价值观的态度（男性化和女性化）；4）对合作的态度（集体主义和个人主义）。对项目管理知识包括：1）了解假设（输入）；2）了解工作方式（工作流程）；3）了解期望的结果（输出）；4）关于整体的知识（整体）。对项目行动包括：1）在战略层面采取的行动（最高管理层，首席执行官层面）；2）在战术层面采取的行动（直线管理、项目集管理、项目组合管理）；3）在行政管理层采取的行动（行政支持职能）；4）在运营层面采取的行动（项目管理、项目参与者）。

依据上述体系架构，设计证询问题，通过答案选择、衡量标准，得出、分析、判断被调查组织的项目成熟度、成熟度的维度分布特征及不同维度下的细分要素表征。

参考文献

［1］戚安邦．项目论证与评估［M］．北京：机械工业出版社，2018.

［2］牛静敏．国外项目成功评价标准比较研究［J］．经济论坛，2010(2):159-162.

［3］SHENHAR A J, DVIR D, LEVY O, et al. Project success: a multidimensional strategic concept [J]. Long range planning, 2001, 34(6):699-725.

［4］WESTERVELD E. The Project Excellence Model®: linking success criteria and critical success factors[J]. International Journal of Project Management，2003, 21(6):411-418.

［5］BACCARINI D. The logical framework method for defining project success [J]. Project Management Journal, 1999, 30(4):25-32.

［6］Project Management Institute. 项目管理知识体系指南（PMBOK® 指南）［M］．6 版．北京：电子工业出版社，2018.

［7］符志民．系统工程开发管理分配论［J］．中国科技论坛，1994(6):36-38.

［8］符志民．系统工程费用分析［C］．全国企业数量经济学会第十一次会议优秀论文集，辽宁本溪，1995.10.

［9］FU ZHIMIN. Risk Management and System Dynamics Analysis of Aerospace Project [C]. The Proceedings of the Globalization & Specialization Development of Project Management of China Third International Project Management Forum, Oct. 2004, Nanjing, China, China Machine Press, P.281.

［10］FU ZHIMIN. Framework of the Project Risk Management System [C]. The Proceedings of 20th IPMA World Congress on Project

Management，Oct. 2006, Shanghai China, China Machine Press, Volume 1, 328-335.

[11] 符志民. 航天项目风险管理 [M]. 北京：机械工业出版社，2005.

[12] 符志民. 基于随机网络模拟的航天项目风险分析和评估 [J]. 系统工程与电子技术，2007, 29(3):375-377.

[13] 符志民. 企业风险管理成熟度评价研究 [D]. 北京：北京大学，2008.

[14] 符志民. 企业风险管理成熟度模型 [J]. 科学研究月刊，2009(4):7-9.

[15] 符志民. 质量管理成熟度模型评价 [J]. 项目管理技术，2011(3):34-38.

[16] 符志民. 追求卓越一次成功的矩阵式质量保证模式 [J]. 中国质量，2018(7):89-97.

[17] 符志民. 系统工程与项目管理的关系及项目成功 [J]. 清华管理评论，2019(1-2):82-85.

[18] 国家市场监督管理总局，国家标准化管理委员会. 一次成功矩阵式质量管理模式：GB/T 38355—2019 [S]. 北京：中国标准出版社，2019.

[19] COOPER R G，KLEINSCHMIDT E J. Success factors in product innovation [J]. Industrial Marketing Management, 1987, 16(3):215-223.

[20] CORDERO R. The measurement of innovation performance in the firm: an overview [J]. Research Policy, 1990, 19(2):185-192.

[21] 吕帅. 我国制造业企业新产品开发项目关键成功因素实证研究 [D]. 北京：中国科学技术大学，2010.

[22] 方炜，孙树栋，郭云涛. 企业新产品研发项目成功标准的系统界定 [J]. 北京：中国软科学，2005(11):117-123.

[23] RODRIGUEZ-SEGURA E，ORTIZ-MARCOS I，ROMERO J J, et al. Critical success factors in large projects in the aerospace

and defense sectors [J]. Journal of Business Research, 2016, 69(11):5419-5425.

[24] PINTER U, PUNDER I. Evaluating construction project success with use of the M-TOPSIS method [J]. Journal of Civil Engineering and Management, 2013, 19(1):16-23.

[25] OSEI-KYEI R, CHAN A P C. Developing a Project Success Index for Public-Private Partnership Projects in Developing Countries [J]. Journal of Infrastructure Systems, 2017, 23(4):1-12.

[26] SZALAY I, KOVÁCS Á, SEBESTYÉN Z. Integrated Framework for Project Management Office Evaluation [J]. Procedia Engineering, 2017(196):578-584.

[27] SEWERYN SPALEK. Establishing a Conceptual Model for Assessing Project Management Maturity in Industrial Companies [J]. International journal of industrial engineering theory applications & practice, 2015, 22(2):242-254.

[28] CUADROS LOPEZ A J, MICAN RINCON C A, OREJUELA CABRERA J P. Maturity evaluation model in project management for small and medium enterprise companies (Smes) in the graphic arts sector [J]. LOGOS CIENCIA & TECNOLOGIA, 2018, 10(2):39-56.

[29] EIGBE A P, SAUSER B J, FELDER W. Systemic analysis of the critical dimensions of project management that impact test and evaluation program outcomes [J]. International Journal of Project Management, 2015, 33(4):747-759.

[30] XIAO Y, ZHOU S, LOU X. Research on the Evaluation of Project Management Maturity in a Hydropower EPC Project [C]. https://dol.org/10.1061/9780784479377.075. Publishcd online; September 25,2015. International Conference on Construction and Real Estate Management, 2015.

[31] 中国(双法)项目管理研究委员会. 国际卓越项目管理评估模型及应用[M]. 北京：电子工业出版社，2008.

[32] 陈津津，刘胜，甘浪．基于模糊综合评价的新产品开发项目后评价研究 [J]．经营管理者，2011(5):11-12.

[33] 王文文．机械制造企业产品研发项目管理后评价研究 [D]．济南：山东大学，2016.

[34] 华斌，何丽．科技项目验收评估管理与决策模型研究 [J]．科学学与科学技术管理，2007, 028(2):33-35,42.

[35] 张三力．项目后评价 [M]．北京：清华大学出版社，1998.

[36] 丁宝奎，张力晨．电力企业科技项目后评估指标体系与例证分析 [J]．科学学与科学技术管理，2007(10):197-198.

[37] 鲁晶晶，谭宗颖，万昊．关于科技项目成果评估研究内容的分析与思考 [J]．科学管理研究，2016(1):37-41.

[38] 杜栋，庞庆华，吴炎．现代综合评价方法与案例精选 [M]．2 版．北京：清华大学出版社，2008.

[39] 颜惠琴，牛万红，韩惠丽．基于主成分分析构建指标权重的客观赋权法 [J]．济南大学学报 (自然科学版)，2017，31(6):519-523.

[40] 安宏，高学东，曾德华，等．基于因子分析和模糊数学方法的综合评估 [J]．计算机工程，2008，34(18):281-282.

[41] 章穗，张梅，迟国泰．基于熵权法的科学技术评价模型及其实证研究 [J]．管理学报，2010, 7(1):34.

[42] PINTER U, PŠUNDER I. Evaluating construction project success with use of the M-TOPSIS method [J]. Journal of Civil Engineering and Management, 2013, 19(1):16-23.

[43] 哈罗德·科兹纳．组织项目管理成熟度模型 [M]．张增华，吕义怀，译．北京：电子工业出版社，2006.

[44] OGC. PRINCE2——成功的项目管理 [M]．3 版．薛岩，欧立雄，译．北京：机械工业出版社，2004.

[45] 罗德尼·特纳，斯蒂芬·西米斯特．项目管理手册 [M]．李世其，樊葳葳，译．北京：机械工业出版社，2004.

[46] 国际项目管理协会．个人项目管理能力基准：项目管理、项目

集群管理和项目组合管理［M］. 4版. 中国优选法统筹法与经济数学研究会项目管理研究委员会，译. 北京：中国电力出版社，2019.

［47］ GIDO, JACK, CLEMENTS, JAMES P. Successful project management [M]. Publishing House of Elec., 2006.

［48］ ROBERT K WYSOCKI, ROBERT BECK Jr, DAVID B CRANE. Effective Project Management: How to Plan, Manage, and Deliver Projects On Time and Within Budget [M]. N.Y: John Wiley & Son, Inc., 1995.

［49］ KERZNER, HAROLD. Project management: a systems approach to planning scheduling and controlling [M]. Van Nostrand Reinhold, 2006.

［50］ LIM C S，MOHAMED M Z. Criteria of project success: an exploratory re-examination [J]. International Journal of Project Management, 1999, 17(4): 243-248.

［51］ J DAVIDSON FRAME. The New Project Management: Tools for An Age of Rapid Change, Complexity, and Other Business Realities [J]. International Journal of Project Management, 1994, 22(7):603-604.

［52］ 彼得·德鲁克. 管理的实践［M］. 齐若兰，译. 北京：机械工业出版社，2006.

［53］ 彼得·德鲁克. 卓有成效的管理者［M］. 许是祥，译. 北京：机械工业出版社，2005.

［54］ 中国双法项目管理研究委员会. 中国项目管理知识体系指南：C-PMBOK 2006［M］. 北京：电子工业出版社，2006.

［55］ 中国项目管理研究委员会. 中国项目管理知识体系与国际项目管理专业资质认证标准［M］. 北京：机械工业出版社，2001.

［56］ 沈建明，陶俐言. 中国国防项目管理知识体系［M］. 北京：机械工业出版社，2017.

［57］ 中国项目管理研究委员会，中国信息产业商会，中国电子信息产业发展研究院. IT信息化项目管理知识体系与国际项目管理

专业资质认证标准（iPMBOK 2004）[M]. 北京：电子工业出版社，2004.
[58] 中国建筑业协会工程项目管理委员会 . 中国工程项目管理知识体系 [M]. 2 版. 北京：中国建筑工业出版社，2011.
[59] 栗子，关山云，瑞丰. 项目管理知识体系（大纲）通用 1.0 版本 [M]. 北京：经济日报出版社，2012.
[60] 中国项目管理研究委员会. 中国现代项目管理发展报告 [M]. 北京：电子工业出版社，2011.
[61] 白思俊. 现代项目管理 [M]. 北京：机械工业出版社，2010.
[62] 任静. 提高多指标决策客观性的赋权方法 [J]. 管理评论，2012，24(5): 160-169.
[63] 马旭晨. 现代项目管理评估原理与实务 [M]. 北京：中国项目学会，2014.
[64] 贺玉德，马祖军. 基于 CRITIC-DEA 的区域物流与区域经济协同发展模型及评价——以四川省为例 [J]. 软科学，2015，29(3):102-106.
[65] 张洪太，余后满. 航天器项目管理 [M]. 北京：北京理工大学出版社，2018.
[66] 袁家军，欧立雄，王卫东. 神舟飞船项目管理成熟度模型研究 [J]. 中国空间科学技术，2005(5): 5-13.
[67] 王卫东，袁家军，欧立雄. "神舟" 飞船项目管理成熟过程及成熟度模型建立 [J]. 航天工业管理，2006(6):17-22.
[68] 户鲲，李睿. 航天型号项目管理成熟度评价体系构建及方法研究 [J]. 航天工业管理，2018(6): 49-52.
[69] 赵小津，王卫东，等. 航天科研生产管理评估 [M]. 北京：中国宇航出版社，2014.
[70] 吴闻川，白思俊. 国防科研院所项目管理能力评价指标体系的构建研究 [J]. 世界科技研究与发展，2018, 40(1):85-94.
[71] 梅林. 项目管理成功中的关键人力因素研究 [D]. 天津：南开大学，2005.

［72］ 沈建明，夏明．现代国防项目管理［M］．北京：机械工业出版社，2006.

［73］ 兰登·莫里斯．持久创新：创新原则、创新战略和创新方法的权威指南［M］．林均烨，等译．北京：经济科学出版社，2011.

［74］ 中国国家质量监督检验检疫总局，中国国家标准化管理委员会．科学技术研究项目评价通则：GB/T 22900—2009［S］．北京：商务印书馆，2009.

［75］ 巨见国，汤万金．科技评价理论与方法——基于技术增加值［M］．北京：中国计量出版社，2008.

［76］ 罗伯特·K·威索基．有效的项目管理：面向传统、敏捷、极限项目［M］．5 版．费琳，译．北京：电子工业出版社，2011.

［77］ 哈罗德·科兹纳．应用项目管理：最佳实施实践［M］．徐成彬，王小丽，译．北京：电子工业出版社，2003.

［78］ MARCELLO SPAGNULO，RICK FLEETER，MAURO BALDUCCINI，et al. 航天项目管理：方法与工具［M］．周建平，译．北京：国防工业出版社，2013.

［79］ 路易斯·L·布西亚瑞利．工程哲学［M］．安维复，等译．沈阳：辽宁人民出版社，2012.

［80］ 马旭晨，马尔航．项目管理哲学简论［M］．北京：经济日报出版社，2014.

［81］ 殷瑞钰，汪应洛，李伯聪．工程哲学［M］．2 版．北京：高等教育出版社，2013.

［82］ ALBERT P C CHAN，ADA P L CHAN. Key performance indicators for measuring construction success [J]. Benchmarkin: An Internationa Journal, 2004, 11(2): 203-221.

［83］ YOUNG HOON KWAK, C WILLIAM IBBS. Project Management Process Maturity（PM）2 Model [J]. Journal of Management in Engineering, 2002,18(3):150-155.

后　记

中国航天励精图治、奋发图强，自力更生、艰苦奋斗、自主创新，构筑了系统完备的航天发展科技体系，奠定了祖国航天事业崛起和腾飞的坚实基础。航天科技成果丰硕，跻身世界航天先进行列。航天科学技术转移和应用效果显著，带动了我国科技、经济、社会、文化发展，极大增强了我国的科技实力、国防实力、经济实力、民族凝聚力，提升了中国竞争力、影响力和国际地位；锻炼并造就了一支“特别能吃苦、特别能战斗、特别能攻关、特别能奉献”的航天科技队伍，成为中国科技发展的重要力量；孕育并形成了“自力更生、艰苦奋斗、大力协同、无私奉献、严谨务实、勇于攀登”的航天精神，“热爱祖国、无私奉献、自力更生、艰苦奋斗、大力协同、勇于登攀”的“两弹一星”精神，“特别能吃苦、特别能战斗、特别能攻关、特别能奉献”的载人航天精神，是中华伟大民族精神的承载、守望、融合和光大，是中华文明的宝贵精神财富。航天人培育了以“使命航天、价值航天、品质航天、创新航天”为核心的航天文化，成为中国航天事业发展的灵魂。

中国航天项目举世瞩目，取得了令世人骄傲的伟大成就。党中央英明决策、正确领导是中国航天成长的动力之源；奋发图强、执着追梦是中国航天崛起的活力之源；坚持自力更生、立足自主创新是中国航天发展之本；实施系统工程科学管理是中国航天发展之基；举国体制、团队协同是中国航天腾飞之翼。

今天，我们不能忘记、不会忘记，航天之父钱学森倡导的系统工程思想、系统工程技术和系统工程方法为航天型号技术开发和工程项目管理奠定了坚实基础，保证了航天事业初创期航天型号项目的成功研制，是航天任务成功的法宝。时代在发展，航天人需要不断传承钱老的系统工程思想、系统工程方法，与时俱进，同时与当代科学技术、现代项目管理理论和实践应用相结合，以助推航天项目大发展。系统工程与项目管理核心思维（系统思维）相同，管理目标一致，研究对象一样，部分管理技术（系统论，控制论，信息论，工作分解，计划制定，系统分析，资源约束，风险识别、分析、评价、规划、应对，整体协调，过程监控，系统集成，综合管理，利益相关者管理等）共享，管理思想、模式、范围、方法相融。系统工程与项目管理的关联体现在：

1）系统不一定是项目，项目可看作系统，项目是存在于大系统下的小系统。

2）系统工程可认为是项目管理环境下的工程开发方法，复杂技术项目管理包含系统工程。系统工程更多地从技术角度强调大系统如何在分系统性能有限的条件下实现总体性能最优。系统工程作为系统优化的技术，包含系统工程技术和系统工程管理，系统工程偏重顶层总体设计和技术过程管理，系统工程管理关注和偏好技术管理，是项目管理学科的延伸。系统工程可看作项目管理中的工程技术管理。系统工程注重问题导向，教人们把事做优，帮助项目成功。

3）项目管理强调目标性、一次性、创造性，核心是系统思想和系统论（整体–分解–综合）原理和方法的应用，是项目经营管理的方法。项目管理注重目标导向，教人们把正确的事做正确，支撑项目成功。

4）系统工程和项目管理都面向系统，有共性，有差别，密不可分，内容交织，相辅相成。系统的系统—系统总体（顶层设计、系统分解、综合集成）至关重要。系统工程先于项目管理产生，系统管理大于、复杂于项目管理。

5）系统工程和项目管理所依托的载体——组织及其职能机构是一个复杂的社会系统，项目的成功不仅取决于系统开发过程中系统工程方法的运用及其项目管理的成功与否，同样受到组织机构的整体能力和管理质量、管理可靠性的影响，尤其是受到开发系统主体——人的复杂性的影响，而“研发系统的系统”的组织、运行和管理问题是社会系统工程的研究对象。弄懂系统工程与项目管理的关系并有效地运用好系统工程和项目管理，对项目评价、实现项目成功具有理论价值和实践指导性。

在航天型号项目管理实践、航天项目评价研究和本书撰著过程中，我们深深地感觉到，尽管许多航天型号项目相继完成研发、研制，成绩斐然，但是，由于人们认知、现实条件、相关方需求所限，航天型号项目距系统、完整、客观、准确、全面、及时的评价还有差距，航天型号项目评价的“系统化、规范化、科学化、精确化”势在必行。航天项目评价理论、体系、模型和方法的创建和完善对于：1）评价航天项目状况，评定项目绩效；2）识别航天项目存在的问题、不足和差距；3）提升航天项目管理能力，实现航天项目目标；4）提高航天项目治理水平，实现航天项目治理现代化，助推航天项目成功；5）丰富项目评价领域范围和内涵，为其他行业项目评价体系构建提供支撑和借鉴，具有重大的时代价值和现实意义。

本书在项目评价领域做了系统研究，得到一些启发，航天型号项目应在以下方面予以关注、改变并持续予以提升：

1）应建立系统、充分、规范、科学、先进的项目规章制度。

2）应强化项目综合管理、项目范围管理，加强型号项目策划、项目管理策划，制定完整、优化、动态的项目管理计划和项目子管理计划。

3）应实施完备、全要素、规范化的项目管理，应实现项目要素管理量化、精确化，并优化、追求卓越，向国内领先、世界一流水平看齐。

4）应加强项目基准（范围基准、技术基准、进度基准、费用基准、质量基准、绩效测量基准等）的确认、变更请求、偏离管控和核实，做到全过程可追溯。

5）应强化项目过程结束、项目阶段结束的确认、审查、核实，要关注并落实项目过程、项目阶段、项目关键点等结束时的不合格项（技术不合格项、管理不合格项）的归零，应强化项目风险识别、分析、评价和应对，确保项目范围、项目可交付成果实现。

6）不仅要重视项目硬成果，更要重视项目软成果；既要关注项目管理过程，也要关注项目管理结果；既要关注项目内部相关方，也要关注项目外部相关方。

7）应建立优化的、先进的、真实的、基于模型的项目管理信息系统，使项目资源好共享、过程能再现、结果易确认、记忆可留存、知识能递延。

8）关心项目人力资源管理，关注项目队伍建设，关怀项目人才成长。

9）要关注项目文化建设，要有机融合项目个体文化、项目文化、组织文化、社会文化，充分发挥文化的引领、凝聚、约束、激励、辐射作用。

10）型号在一开始就应建立项目成功标准、判定准则、激励政策。不能在型号项目结束时，对型号项目没有完整、准确、及时的客观评价。

11）组织级的型号项目群管理、项目组合管理对组织战略目标的实现至关重要，应管理好项目重要度及优先级排序、多目标优化、资源配置平衡、需求与期望权衡、项目与环境交互界面，充分关注项目资源共享、能力协同、开放合作、协同发展、风险应对、创新管理。

12）项目应关注项目效益、组织效益，组织应关注项目效益、项目团队成员效益，组织效益、项目效益、个人效益应相互协同，实现组织、项目、项目团队成员共同成长。

13）项目人应有这样的意识、心态，项目变化是常态，要敏捷发现变化、改变适应变化、积极拥抱变化、主动利用变化，莫要以不变应万变，以慢变应快变，以乱变、妄变应正变，应包容项目的不确定性，正确应对变化。

14）激动人心的创新项目、久攻不克的不确定性项目更离不开项目管理。在创新项目、不确定性项目研制中，要坚持原则：求是、求真、求新；要坚持底线：资源约束、目标约束；要尊重知识，尊重人才，尊重创造；要包容失败，担当风险。创新项目、不确定性项目区别于严格定义目标、范围、预算、工期等的传统项目，别具 VUCA 时代特征，提升创新、不确定性的可控程度是对项目管理的最大挑战。创新需要质疑、打破常规、鼓励个性、允许失败；管理需要执行、注重效率、协调有序、成功交付；不确定性给项目基准监控、项目目标实现带来风险，创新项目、不确定性项目应接受管理，更需敏捷性、柔性。

15）选择、任命有能力的项目发起人是项目成功的基础，项目发起人应具备战略洞悉能力、资源整合能力、项目知识与技术、项目治理能力等，这是项目成功的关键。

本书还有许多事项未竟，项目评价的充分性、适宜性还需进一步深化、完善：

1）项目评价指标体系需进一步丰富、优化、量化。

2）项目过程管理、项目管理结果指标的阐释及其权重需进一步优化，要多样本统计分析、多专家判定，要针对航天项目的多样性，建立分类的项目指标权重库，以更好指导不同类项目的评价。

3）项目相关方众多，应加强交流、互动、合作、协同，要共识、共商、共建、共享、共治项目评价模式、方法、成果，提升项目评价绩效、水平。

4）评价是判断被评价对象符合性、高低、好坏、真伪、成熟度等的过程，对项目相关方都是挑战，应建立评价机制，试点推行、推进。

5）项目治理体系、治理能力现代化与项目评价休戚相关，需着力深入探讨、付诸实施。

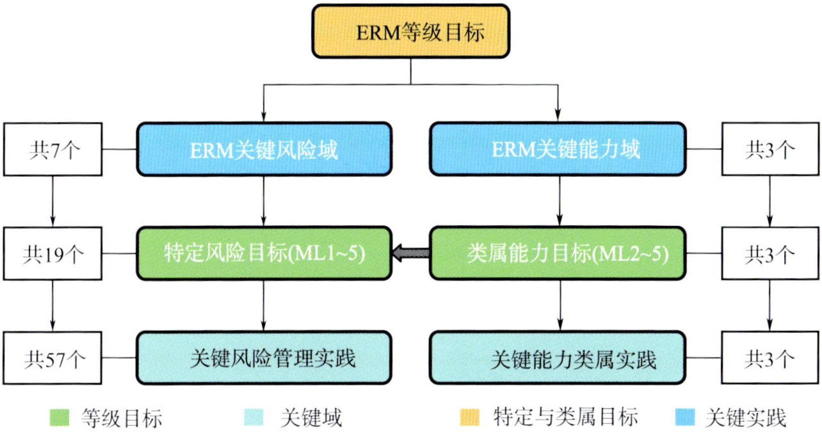

图 A-6　ERMMM 评价要素及指标结构（见 P139）